KB235288

차이나 온라인 마케팅

차이나 온라인 마케팅

박신희 임재현 지음

차이나하우스

머리말

2006년에 필자가 느낀 중국의 온라인 인프라는 한마디로 엉성했다. 한국에 비해 너무 느린 네트워크 속도로 인해 파일 하나를 다운로드하는 데도 상당한 시간이 필요했다. 그러나 10여 년이 지난 지금 중국은 온라인 인프라에서 눈부신 발전을 이루었다. 어디서든 와이파이가 팡팡 터지고 네트워크 속도 또한 급격히 빨라지면서 온라인과 모바일 세상을 즐기는 중국인들이 7억 명을 훌쩍 넘어섰다. 2016년을 기준으로 중국 네티즌은 일주일에 평균 26시간을 온라인에서 보내면서 온라인 세상을 만끽하고 있다.

기업들이 이런 사회적 분위기를 놓칠 리가 없다. 샤오미 등 신생 기업들이 네티즌의 놀이터가 된 온라인과 모바일 세상에 자신들의 상품이나 서비스를 밀어 넣으며 성공 사례를 만들었다. 온라인 마케팅 성공 사례가 이어지면서 한국 기업들도 중국 온라인 마케팅에 높은 관심을 보이기 시작했다. 이에 중국 온라인 마케팅을 대행해 주는 업체들도 우후죽순 생겨났지만, 상품이나 서비스의 마케팅 방향을 결정해야 하는 한국 실무자들의 중국 온라인 마케팅에 대한 이해도는 그리 높지 않은 것이 현실이다.

중국에 살다 보니 중국 마케팅에 관심 있는 이들의 문의를 자주 받는다. 그 중에서도 특히 중국 온라인 마케팅은 많은 이들이 궁금해하는 분야 중에 하나다. 그 동안 중국 온라인 마케팅과 관련된 이런저런 물음에 개별적으로 대답해 주면서 중국 사업을 진행하는 이들이 중국 온라인 마케팅 전략을 수립하고 실행하는 데 조금이나마 도움이 될 수 있는 책이 있었으면 좋겠다는 생각을 했다.

중국 온라인 마케팅과 관련된 수많은 책과 논문 그리고 자료들을 뒤적거렸다. 그동안 받았던 질문과 답변했던 내용들도 하나둘씩 정리했다. 중국 사업을 준비하거나 진행하는 이들에게 어떤 내용이 직접적으로 도움이 될 수 있는지에 대한 자문도 구했다. 그러던 어느 날 한국 화장품을 중국에 팔고자 하는 이를 만난 적이 있다. 그는 자신 또한 중국 온라인 마케팅에 관심이 많다며 특정 매체에 대한 전문적인 내용이나 단순히 이론만을 나열한 책이 아니라 마케팅 담당자로서 중국 온라인 마케팅을 개괄적으로 이해하고 마케팅 전략을 수립하는 데 실질적인 도움을 줄 수 있는 책이 있으면 좋겠다고 이야기했다.

이 책은 중국에서 온라인 마케팅을 진행해 온 전문가에게는 만족스럽지 못할 수 있다. 또한 독자에 따라 책의 내용에 동감할 수도 있고 그렇지 않을 수도 있다. 더 나아가 독자의 중국 사업 진행에 적용될 수도 있고 그렇지 않을 수도 있다.

이 책은 중국 온라인 마케팅의 만능 레시피가 아니다. 따라서 마케팅을 전개하면서 책에 쓰여진 내용대로 따라 하면 반드시 성공한다는 보장은 없다. 그리고 모든 상품이나 서비스가 책의 내용에 꼭 들어맞는다는 자신감 또한 담고 있지 않다. 다만 이 책이 독자가 책 속의 기본적인 내용들을 바탕으로 스스로의 상품이나 서비스에 적합한 중국 온라인 마케팅 전략을 수립하는 데 도움이 될 수 있을 것이라는 믿음은 있다. 독자들이 이 책을 통해 중국 온라인 마케팅의 필요성을 느끼고 스스로 책 속의 재료들을 이용하여 자신만의 개성 있는 중국 온라인 마케팅 레시피를 만들었으면 하는 바람이 있다.

사드 배치 문제로 한중 관계가 뒤숭숭하다. 사드 배치 문제가 이슈화되면서 우리는 중국의 민낯을 만나볼 수 있었고 한국에 대한 중국의 속마음도 읽을 수 있었다. 어떤 이는 이 상황을 위기로 보고 어떤 이는 또 다른 기회로 보기도 한다. 마케팅 전략은 트렌드나 사회적 분위기와 밀접하다. 사드 배치 문제로 중국에서 한국 브랜드에 대한 로열티가 많이 추락했다. 때문에 중국 마케팅은 이전보다 앞으로 더욱 어려워질 것이다. 따라서 온라인 마케팅 또한 예전

과는 다른 마케팅 전략을 수립해야 한다. 어렵다고 중국과의 교류나 중국 시장을 타깃으로 하는 마케팅을 멈출 수는 없는 일이다. 향후 좀 더 효율적인 중국 온라인 마케팅을 실행하기 위해서 지금보다 더 많은 중국 마케팅 전문가들이 필요하다. 필자는 이 책이 앞으로 보다 많은 중국 마케팅 전문가들이 현장에 나올 수 있는 작은 디딤돌이 되기를 바란다.

어둠은 빛을 이길 수 없다. 지금 당장 양국 간에 드리워진 어둠은 언젠가는 빛으로 밝아질 것이다. 그런 의미에서 필자는 중국과의 사업을 준비하고 있거나 또는 현재 진행하고 있는 이들에게 이 책이 중국 사업에서의 어둠을 밝히는 희미한 빛이 될 수 있었으면 하는 바람이다. 그리고 그 빛을 기반으로 중국 사업의 성공이라는 찬란한 광채를 스스로 만들어 내기를 희망한다.

끝으로 이 책이 만들어지기까지 기회를 마련해 주고 집필에 많은 도움을 주신 차이나하우스 관계자 여러분의 노고에 감사드리며 책의 집필에 전념할 수 있도록 아낌없는 배려를 해준 가족과 선후배들에게 감사의 뜻을 전한다.

어느 여름날

박신희·임재현

목차

3장 중국에서 通하는 마케팅 전략

4장 중국 소비자와의 연결고리, 핵심 마케팅 플랫폼

온라인 시장을 읽어야 중국이 보인다

차이나
온라인
마케팅

ICT 산업, G2의 시대가 열리다

중국은 미국과 함께 ICT Information and Communications Technologies 시장에서 G2를 형성하고 있다. 2015년 기준 중국의 ICT 시장 규모는 약 4,651억 달러로 미국에 이어 세계 2위이며, 우리나라 ICT 시장의 규모(약 659억 달러)에 비해 7.6배가 크다.

주요국 ICT 시장 규모(단위: 억 달러)

구분	2013	2014	2015
미국	9,981	10,325	10,651
중국	3,759	4,072	4,368
전세계	35,770	37,050	38,420

출처: IDC, NIPA

중국의 ICT 기업들 역시 세계 시장에서 신흥 강자로 부상하고 있다. 2015년 기준으로 아리바바阿里巴巴, 텅쉰騰讯, 바이두百度 등 중국의 ICT 기업 3개가 글로벌 인터넷 기업 시가총액 순위 10위 내에 위치하고 있다. 한국 ICT 기업으로는 네이버가 19위에 이름을 올렸다.

2015 글로벌 인터넷 기업 시가총액 톱10

순위	기업명	시가총액(십억 달러)
1	애플(Apple)	764
2	구글(Google)	373
3	아리바바(Alibaba)	233
4	페이스북(Facebook)	226
5	아마존(Amazon)	199
6	텅쉰(Tencent)	190

7	이베이(eBay)	73
8	바이두(Baidu)	72
9	프라이스라인(Priceline)	63
10	세일즈포스닷컴(Salesforce.com)	49

출처: Kleiner Perkins Caufield & Byers

중국 ICT 기업의 성장은 중국 정부의 강력한 지원 정책에 기인하는 바가 크다. 중국 정부는 자국 ICT 기업을 글로벌 경쟁력을 갖춘 기업으로 성장시키기 위해 〈중점 업종 기업합병 구조조정 가속화에 관한 지도 의견关于加快推进重点行业企业兼并重组的指导意见〉등 ICT 기업 성장 정책을 시행하고 구글, 트위터와 같은 해외 서비스를 차단하는 등 자국 기업에 유리한 암묵적, 배타적 지원을 추진하였다.

글로벌 서비스 vs 중국 내 유사 서비스

분야	글로벌 서비스	중국 내 유사 서비스
검색엔진	구글	바이두
동영상	유투브	유쿠
마이크로블로그	트위터	시나웨이보
소셜네트워크	페이스북	런런왕
결제	페이팔	알리페이

출처: IDC, NIPA

중국 정부는 도시뿐만 아니라 농촌 지역에도 인터넷과 모바일 보급률을 높이기 위해 자국 내 ICT 인프라 확충 정책을 시행하였다. 이로 인해 인터넷과 모바일 이용자도 자연스럽게 증가하였다. 전문가들은 향후 중국 ICT 산업이 지속적으로 성장할 것으로 예상하는데, 그 이유로 높아지는 교육 수준과 구매력, 새로운 기술과 서비스에 적응이 빠른 젊은 세대의 증가, 전체 인구의 14% 수준에 불과한 4G 이용자 그리고 20% 수준인 모바일 쇼핑 이용자 수를 꼽는다.

중국은 떠오르는 전자상거래 시장의 강자다. 중국의 2015년 전자상거래 시장 규모는 약 5,627억 달러로, 미국의 2015년 전자상거래 시장 규모인 3,491억 달러를 넘어섰다. 이는 한국 전자상거래 시장의 15배가 넘는 규모다. 중국의 전자상거래 시장은 향후 지속적으로 성장하여 2018년 그 규모가 1조 달러를 넘어설 전망이다.

중국 전자상거래 시장 전망

구분	2011	2012	2013	2014	2015	2016	2017	2018
시장규모 (억 위안)	6.4	8.2	10.5	13.4	16.4	19.7(e)	23.2(e)	27.3(e)
성장률(%)	–	26.6	28.8	27.2	22.7	20.3(e)	17.7(e)	17.9(e)

출처: 아이루이(艾瑞)

중국 전자상거래 시장의 지속적인 성장은 모바일 쇼핑이 견인하고 있다. 2014년, 중국 온라인 쇼핑에서 33%의 비중을 차지하고 있는 모바일 쇼핑은 20~30대의 스마트폰 이용이 증가하면서 2015년에 이미 PC 기반 쇼핑의 규모를 넘어섰다.

중국 PC와 모바일 전자상거래 시장 비중 전망

구분	2011	2012	2013	2014	2015	2016	2017	2018
PC(%)	98.5	94.2	85.5	66.2	44.5	31.8(e)	27.2(e)	26.2(e)
모바일(%)	1.5	5.8	14.5	33.8	55.5	68.2(e)	72.8(e)	73.8(e)

출처: 아이루이

중국 전자상거래 시장의 대표기업은 아리바바다. 아리바바는 1999년에 아리바바닷컴alibaba.com을 통해 B2B 시장에 진출했으며 2003년 C2C 시장의 타오바오Taobao.com, 2006년 B2C의 티몰Tmall.com을 론칭하여 각 시장에서 40% 이상의 높은 시장 점유율을 보이고 있다. 전자상거래 시장이 중국 2, 3선 도시로 확장되면서 아리바바에 이어 징동JD.com, HC360hc360.com, 수닝닷컴suning.com 등 전문성과 차별화를 앞세운 후발 사업자들도 영향력을 확대하고 있다.

중국 전자상거래 시장의 성장은 인터넷 은행, O2O, 전자결제 등 ICT 융합산업 전반에 영향을 미치고 있다. 그동안 ICT 산업에서 선진국을 따라가던 중국이 ICT 융합산업에서는 글로벌 시장을 주도하는 모습을 보이고 있다. 특히 온라인에서 결제하고 오프라인에서 물건을 수령하거나 오프라인의 구매 행위가 온라인의 혜택으로 연결되는 비즈니스 형태인 O2O 분야에서는 글로벌 시장을 선도하고 있다.

중국 전자상거래 시장 O2O 서비스 전망

분야		2014년 (백만 위안)	2018년 (백만 위안)	CAGR (2013~2017)
O2O 서비스	요식업	94,189	212,726	22.7%
	레저/레크레이션	66,004	152,146	23.2%
	결혼/웨딩	4,524	22,706	49.7%
	부모/아이 커뮤니케이션	5,565	13,592	25.0%
	뷰티/케어	5,410	8,868	13.2%

출처: 아이루이, KT경제경영연구소

중국 정부는 전자상거래 육성에 심혈을 기울이고 있다. 2007년부터 5년마다 〈전자상거래 12차 5개년 계획国务院办公厅关于加快电子商务发展的若干意见〉을 발표하는 등 전자상거래 지원책을 제정하여 시행하고 있다. 2015년 5월에는 〈'인터넷＋유통' 액션플랜 关于深入实施"互联网+流通" 行动计划的意见〉을 발표하는 등 농촌과 중소도시, 국제간 전자상거래 활성화와 O2O 융합 서비스도 적극 장려하고 있다.

중국 '인터넷＋유통' 액션플랜의 핵심은 2016년 말까지 전자상거래 시장 거래액을 22조 위안까지 높이는 등 인터넷을 통한 유통업을 새로운 성장동력으로 삼겠다는 것이다. 이 정책에는 1~2년 내 200개 농촌 전자상거래 종합 시범 현县육성, 60개 국가급 전자상거래 시범기지 설립, 150개 국가급 전자상거래 시범기업 육성, 100개 전자상거래 해외 창고 건설, 50개 지역 전자상거래 인재 육성 기지 건설 등의 내용이 포함되어 있다.

인터넷 인구 7억 시대가 열리다

CNNICChina Internet Network Information Center의 자료에 의하면 2016년 6월 기준으로 중국의 인터넷 이용자는 7.1억 명으로, 2015년 말 대비 3.1%가 증가하였다. 인터넷 보급률은 2016년 6월 말 기준 51.7%로, 전년 동기 대비 2.9% 증가하였다.

2008~2016 중국 인터넷 이용자 및 인터넷 보급률

분	2008	2009	2010	2011	2012	2013	2014	2015	2016
인터넷 이용자 (만 명)	29,800	38,400	45,730	51,310	56,400	61,758	64,875	68,826	70,958
인터넷 보급률(%)	39.9	42.1	44.1	45.8	46.9	47.9	48.8	50.3	51.7

출처: CNNIC

모바일 인터넷 이용자는 2016년 기준 6.56억 명으로, 2015년 말 대비 3,656만 명이 증가하였다. 인터넷 이용자 중에서 모바일을 이용해 인터넷을 사용하는 비율이 2015년 말 90.1%에서 2016년 6월 말에는 92.5%로 소폭 상승하였다.

2012~2016 중국 모바일 인터넷 이용자

구분	2012	2013	2014	2015	2016
모바일 인터넷 이용자 (만 명)	41,997	50,006	55,678	61,981	65,637

출처: CNNIC

농촌 지역의 인터넷 보급률도 높아지고 있다. 그러나 2016년 6월을 기준으로 중국 전체 농촌 인터넷 인구는 1.91억 명에 머물고 있어 도시 인터넷 인구 비율에 비해 45% 이상 차이가 난다. 농촌에서 인터넷을 이용하지 않는 주된 이유로는 컴퓨터나 인터넷을 이해하지 못하는 이유가 가장 많았으며, 나이가 너무 높거나 낮아서라는 이유가 그 뒤를 이었다. 이 외에도 인터넷을 할 시간이 없어서, 인터넷이 필요없거나 관심이 없어서, 컴퓨터나 인터넷 설비가 없어서, 현장에 인터넷을 접속할 수 없어서 등의 이유가 그 뒤를 이었다.

2016 중국 농촌 인구 인터넷 비사용 이유

이유	비중(%)
컴퓨터나 인터넷을 이해하지 못해서	68.0
나이가 너무 높거나 낮아서	14.8
인터넷을 할 시간이 없어서	13.5
인터넷이 필요없거나 관심이 없어서	10.9
컴퓨터나 인터넷 설비가 없어서	9.5
현장에 인터넷을 접속할 수 없어서	5.3

출처: CNNIC

2016년 6월을 기준으로 중국의 인구 수는 남성이 여성보다 1.8% 적지만, 인터넷 이용자 수는 여성이 남성보다 1.8% 높다. 인터넷 이용자 연령은 10~39세가 74.4%로 가장 높았는데, 이를 좀 더 세분화하면 20~29세가 30.4%로 가장 높고 10~19세가 20.1%, 30~39세가 24.2%로 그 뒤를 이었다.

2016 중국 인터넷 이용자 연령대별 비중

연령대	비중(%)
10세 이하	2.9
10~19	20.1
20~29	30.4
30~39	24.2
40~49	13.4
50~59	5.3
60세 이상	3.7

출처: CNNIC

중국 인터넷 이용자들의 학력은 중학교 졸업이 37%로 가장 높았으며, 고등학교/고등전문학교/기술학교 졸업이 28.2%로 그 뒤를 이었다. 초등학교 졸업은 14.3%, 대학교 졸업이 11.5%, 전문대학교 졸업이 8.9%로 나타났다. 인터넷 이용자 직업으로는 학생이 25.1%로 가장 높았으며, 프리랜서가 21.1%로 그 뒤를 이었다. 당정기관·사업단위 간부와 기업의 고위 관리층이 0.6%로 가장 낮게 나타났다.

중국 인터넷 이용자의 월 수입은 3,000~5,000위안이 22.7%로 가장 높고, 500~1,000위안 수입자가 5.7%로 가장 낮은 것으로 나타났다.

2016 중국 인터넷 이용자 직업별 비중

직업군	비중(%)
학생	25.1
당정기관·사업단위 간부	0.6
당정기관·사업단위 일반직원	4.1
기업 고위 관리층	0.6

기업 중급 관리층	2.4
기업 일반직원	10.1
전문기술원	6.2
상업 서비스 직원	4.8
제조·생산기업 직원	3.5
프리랜서	21.1
농촌 근무 직원	3.1
농업/임업/목축업/어업 노동자	6.5
퇴직자	3.4
무직/실직	7.0
기타	1.4

출처: CNNIC

중국 인터넷 이용자들은 주로 휴대폰을 사용하여 인터넷을 이용하는 것으로 나타났다. 2016년 6월 말 기준 인터넷 접속 설비는 2015년에 비해 데스크탑 컴퓨터와 태블릿 PC를 사용하여 인터넷을 이용하는 비율이 줄어든 반면, 노트북과 휴대폰 그리고 TV를 통해 인터넷을 이용하는 사용자는 증가하였다. 인터넷을 이용하기 위해 사용하는 주요 설비는 휴대폰, 데스크탑 컴퓨터, 노트북 컴퓨터, 태블릿 PC, TV 순으로 나타났다.

중국 인터넷 이용자 주요 접속 설비 비중(단위: %)

접속설비	비중(2015.12)	비중(2016.6)
데스크탑 컴퓨터	67.6	64.6
노트북 컴퓨터	38.7	38.5
휴대폰	90.1	92.5
TV	17.9	21.1
태블릿 PC	31.5	30.6

출처: CNNIC

한편 인터넷을 사용하는 장소는 집안87.7%, 직장35.9%, PC방17.7%, 공공장소17.3%, 학교16.4% 순으로 나타났다.

PC방에서 인터넷을 즐기고 있는 중국 네티즌

중국 모바일 인터넷 이용자가 3G/4G로 인터넷에 접속하는 비율은 2016년 6월 말 기준으로 91.7%에 달하며, 전체 인터넷 이용자 중 와이파이로 인터넷에 접속하는 비율은 92.7%로 나타났다. 중국 인터넷 이용자가 매주 평균적으로 인터넷에 접속하는 시간은 26.5시간으로 나타났다.

2010~2016 중국 인터넷 이용자 일주일 평균 인터넷 접속 시간

구분	2010	2011	2012	2013	2014	2015	2016.06
인터넷 접속시간 (시간)	18.3	18.7	20.5	25.0	26.1	26.2	26.5

출처: CNNIC

중국 인터넷 이용자가 사용하는 어플리케이션은 실시간 통신이 가장 많았으며 인터넷 주식/펀드가 가장 낮았다. 모바일 인터넷 이용자가 가장 많이 사용하는 어플리케이션 역시 실시간 통신이고, 인터넷 주식/펀드가 가장 낮은 것으로 나타났다.

2015 중국 인터넷 이용자 주요 어플리케이션 사용 용도 비중

어플리케이션	사용자 규모(만 명)	비중(%)
실시간 통신	62,408	90.7
검색	56,623	82.3
인터넷 신문	56,440	82.0
인터넷 영상	50,391	73.2
인터넷 음악	50,137	72.8
인터넷 결제	41,618	60.5
인터넷 쇼핑	41,325	60.0
인터넷 게임	39,148	56.9
인터넷 은행	33,639	48.9
인터넷 문학	29,674	43.1
여행 예약	25,955	37.7
전자우편	25,847	37.6
인터넷 배달	11,356	16.5
인터넷 교육	11,014	16.0
논단/BBS	11,901	17.3
인터넷 재테크	9,026	13.1
인터넷 주식/펀드	5,892	8.6
인터넷 생방송	32,476(2016년 6월)	45.8(2016년 6월)
인터넷 정부 서비스	17,626(2016년 6월)	24.8(2016년 6월)

출처: CNNIC

1. 창조경제의 주역, 청소년 인터넷 이용자

중국 인터넷 이용자 중에서 25세 이하 청소년 인터넷 이용자는 2015년에는 2.87억 명으로 2014년에 비해 3.7% 증가하였다.

2015 청소년(25세 이하) 인터넷 이용자 수

	2011	2012	2013	2014	2015
청소년 인터넷 이용자 수(억 명)	2.32	2.35	2.56	2.77	2.87

출처: CNNIC

청소년 인터넷 이용자의 성별을 살펴보면 2014년에는 남성과 여성의 비율이 각각 54.5%, 50.1%로 남성이 높았으나, 2015년에는 남성과 여성의 비율이 각각 45.5%, 49.9%로 여성이 앞섰다. 연령별로 보면 19~24세가 48.1%, 12~18세가 40.4%, 6~11세가 11.5%로, 청소년 인터넷 이용자 중에는 19~24세가 인터넷을 가장 많이 사용하는 것으로 나타났다. 주목할 만한 점은 다른 연령대의 인터넷 이용률이 2014년에 비해 떨어진 것과 다르게 6~11세의 인터넷 이용률이 오히려 높아졌다는 것이다.

청소년이 주로 인터넷을 사용하는 공간은 집안이 89.9%로 가장 높았으며, 학교는 25.5%, 인터넷방은 24.2%로 나타났다. 인터넷을 사용하는 주요 설비는 휴대폰이 90%로 가장 높고, 데스크탑 컴퓨터가 69.0%, 노트북이 39.5%로 그 뒤를 이었다. 매주 평균적으로 인터넷에 접속하는 시간은 26시간으로 나타났으며, 이 중 비학생이 32.6시간으로 가장 높았고 대학생, 중고등학생, 초등학생 순으로 인터넷을 많이 사용하는 것으로 나타났다.

중국 청소년의 인터넷 어플리케이션 사용 행동을 보면, 대학생이 초등학생이나 중고등학생보다 인터넷 검색이나 인터넷 신문 어플리케이션을 비롯한 대부분의 인터넷 어플리케이션을 더 자주 활용하는 것으로 나타났다. 반면, 인터넷 게임은 중고등학생이 가장 높고 다음으로 초등학생, 대학생, 비학생 순으로 나타났다.

2016 중국 청소년 인터넷 이용자 주요 어플리케이션 사용률(단위 %)

분류	어플리케이션	초등학생	중고등학생	대학생	비학생	청소년전체	인터넷이용자전체
정보취득	검색	77.5	87.8	93.1	87.3	86.6	82.3
	인터넷 신문	46.5	72.5	89.1	82.7	74.5	82.0
교류소통	실시간 통신	73.9	93.6	98.3	96.5	92.4	90.7
	웨이보	22.2	35.8	61.9	39.1	37.6	33.5
	전자우편	22.8	24.8	67.1	39.6	34.5	37.6
	논단/BBS	9.7	13.8	30.5	21.9	18.0	17.3
인터넷오락	인터넷 음악	65.1	82.6	88.9	81.6	80.2	72.8
	인터넷 게임	66.3	70.0	70.0	63.7	66.5	56.9
	인터넷 영상	66.0	72.3	72.3	78.2	75.4	73.2
	인터넷 문학	29.4	45.5	55.8	46.6	44.6	43.1
비즈니스	인터넷 쇼핑	26.6	53.7	89.1	73.8	61.3	60.0
교역	단체 쇼핑	10.0	18.3	51.7	35.5	27.2	26.2
	여행 예약	23.5	26.4	69.6	43.3	36.9	37.7
	인터넷 결제	23.6	53.0	89.7	76.9	62.0	60.5
	인터넷 은행	14.4	32.7	71.5	61.9	45.6	48.9
	인터넷 재테크	3.5	7.6	22.8	15.7	11.7	13.1

출처: CNNIC

2015년 12월 기준 청소년 모바일 인터넷 이용자는 2.59억 명으로 2014년 동기 대비 6.5% 증가하였다. 남자가 50.1%로 49.9%인 여자보다 높고, 연령별로는 19~24세가 51.1%, 12~18세가 40.5%, 6~11세가 8.4%로 나타났다.

2010~2015 중국 청소년 모바일 인터넷 이용자 수

	2010	2011	2012	2013	2014	2015
청소년 모바일 인터넷 이용자 수 (억 명)	1.70	1.85	1.96	2.21	2.43	2.59

출처: CNNIC

동영상 서비스 산업의 '큰 손', 중국

중국 온라인 동영상 이용자는 2008년 2억 명에서 2015년 5억 명 수준으로 약 2.5배 증가하였다.

2008~2015 중국 온라인 동영상 이용자 성장 추이

	2008	2009	2010	2011	2012	2013	2014	2015
이용자(만 명)	20,200	24,044	28,398	32,531	37,183	42,820	43,298	50,391

출처: 중국산업정보(中国产业信息)

동영상 플랫폼이 공중파 TV에서 온라인과 모바일로 이동하면서 온라인 동영상 시장 규모도 지속적으로 커지고 있다. 중국 온라인 동영상 시장 규모는 2017년 366억 위안 규모로 커질 전망이다.

2010~2015 중국 온라인 동영상 시장 성장 추이

	2010	2011	2012	2013	2014	2015	2016	2017
시장 규모 (억 위안)	31.4	62.7	90.3	128.1	177.8	235.3	298.4(e)	366.0(e)

출처: 중국 네티즌 온라인 동영상 응용연구 보고(国网民网络视频应用研究报告)

중국 정부는 2000년 초반부터 자국 인터넷 콘텐츠 기업 육성 및 보호를 위한 정책을 꾸준히 추진하고 있다. 2005년에는 〈문화 영역의 외자기업 투자에 관한 의견关于文化领域引进外资的若干意见〉을 발표하고 외자기업의 인터넷 정보 서비스 사업 종사를 금지하였다. 중국문화부는 2013년 8월 〈온라인 문화 경영기업 콘텐츠 자체심사 관리방법网络文化经营单位内容自审管理办法〉을 발표하고 콘텐츠에 대한 인터넷 기업의 자율적인 경영관리를 강화하였다. 2013년 3월부터는 인터넷 실명제를, 2013년 4월부터는 무선인터넷 실명제를 실시하였다. 또한 온라인 동영상 사이트에서 서비스하고 있는 해외 TV프로그램의 편수를 중국 프로그램의 30%를 넘지 못하도록 하였다. 그리고 2014년 4월에서 11월까지는 온라인 유해 정보에 대한 집중 소탕을 추진하였다. 2014년 9월에는 〈온라인 해외 동영상 관리와 관련된 규정에 관한 통지关于进一步落实网上境外影视剧管理有关规定的通知〉를 통해 2015년 1월부터 인터넷에 해외 영상물을 개제할 때 사전 허가를 받도록 하였다.

중국에서 영향력이 큰 온라인 동영상 사이트로는 텅쉰腾讯, 써우후搜狐, 유쿠优酷, 아이치이爱奇艺, LeTV乐视 등이 있다. 2016년 3월 기준으로 월 활동 사용자가 가장 많은 동영상 사이트는 텅쉰이고 그 다음으로 아이치이, 유쿠 순으로 나타났다.

2016 중국 주요 동영상 사이트 모바일 동영상 월간 활동 회원 수

기업명	월간 활동 회원 수(만 명)
텅쉰(腾讯视频)	15,120
아이치이(爱奇艺视频)	14,761
유쿠(优酷视频)	14,301
써우후(搜狐视频)	9,112
러스(乐视视频)	6.047
아이치이PPS(爱奇艺PPS)	5,207
바오펑잉인(暴风影音)	5,138
투더우(土豆视频)	4,942
PPTV쥐리(PPTV聚力)	3,598
망궈(芒果TV)	3,038

출처: 이관즈쿠(易观智库)

최근 중국에서는 인터넷 생방송이 활발하다. YY, 더우위를 비롯한 생방송 어플리케이션이 출현하며 수 많은 왕홍网红들이 배출되고 있다. 2016년 3월을 기준으로 월 활동 사용자가 가장 많은 생방송 플랫폼은 YY이고 더우위, 잉커, 후야, KK창샹 등이 그 뒤를 이었다.

2016 중국 인터넷 생방송 어플리케이션 월간 활동 회원 수 TOP 10

어플리케이션명	월간 활동 회원 수(만 명)
YY	1,315
더우위(斗鱼TV)	585
잉커(映客直播)	211
후야(虎牙直播)	190
KK창샹(KK唱响)	179
장위(章鱼TV)	163
슈써(秀色直播)	130

화자오(花椒)	128
판싱(繁星直播)	122
류젠팡슈창(六间房秀场)	94

출처: 이관즈쿠

온라인 동영상 영역은 크게 종합 영상, 단편 영상, 전문 영상, 생방송 영상, 게임 생방송 등으로 구분할 수 있는 데, 중국 인터넷 이용자들이 일평균 가장 많이 보는 동영상은 128.27분을 기록한 종합 영상이고, 가장 많은 일평균 접속 횟수를 보인 것은 영상 생방송으로 나타났다.

2016 중국 온라인 동영상 영역별 사용자 일평균 사용 시간 및 접속 횟수

분류	일평균 사용 시간(분)	일평균 접속 횟수
종합 영상(综合视频)	128.27	6.05
단편 영상(短视频)	49.80	5.66
전문 영상(垂直视频)	118.47	7.37
영상 생방송(视频直播)	115.18	11.44
게임 생방송(游戏直播)	107.03	7.27

출처: 이관즈쿠

그렇다면 중국 온라인 동영상을 즐기는 소비자들은 어떤 종류의 동영상을 좋아할까? 중국산업연구뱅크中国产业研究智库에 따르면 중국 인터넷 이용자들은 해외 영화를 보기 위해서 동영상 사이트에 비용을 지불할 용의가 가장 큰 것으로 나타났다. 그 다음으로 국산 영화, 해외 드라마, 국산 TV·인터넷 드라마 등의 순으로 나타났다.

2015 중국 온라인 동영상 유료 회원 희망 콘텐츠

콘텐츠	비중(%)
해외 영화	61.6
국산 영화	52.9
해외 드라마	45.5
국산 TV · 인터넷 영화	36.6
국산 인터넷 영화	36.1
국산 TV · 인터넷 예능	29.9
국산 인터넷 자체제작 예능	26.4
해외 예능	24.5
애니메이션	22.0
체육	21.7
음악	21.6
네티즌 업로드 영상	17.3
신문/오락/컨설팅	16.9

출처: 중국산업연구뱅크(中国产业研究智库)

자신이 원하는 동영상을 보기 위해서 온라인 동영상 사이트에 유료로 등록한 회원 수는 2015년 12월 기준으로 2,884만 명이며, 이중 남성은 59.7%, 여성은 40.3%를 차지한다. 연령별로는 25~30세가 34.6%로 가장 높게 나타났다.

2015 중국 온라인 동영상 유료 회원 연령대별 비중

연령대	비중(%)
18세 이하	0.8
19~24	14.8
25~30	34.6
31~35	24.3
36~40	15.9
40세 이상	9.7

출처: 중국산업연구뱅크

중국, 세계 최대 온라인 쇼핑 시장으로 부상하다

1. 쉽고 간편한 온라인 결제 시스템

중국에서 전자결제 시스템을 이용한 경험이 있는 사람이라면 중국의 전자결제 시스템의 편의성을 실감할 수 있었을 것이다. 실제로 전자결제 산업에 있어 중국은 글로벌 시장을 선도하는 선진국이다. 대부분 선충전, 후지불 방식으로 은행의 직불카드와 유사한 시스템에 기반한 중국의 전자결제 서비스는, 계좌 개설이 은행보다 쉽고 온라인뿐만 아니라 오프라인에서도 스마트폰 어플리케이션App을 통해 쉽게 결제가 가능하기 때문에 중국 이용자들이 가장 선호하는 지불 수단이 되었다.

중국 주요 전자결제 기업 및 서비스

기업명	전자결제 서비스		월평균 사용자 (단위: 백만 명)
Alibaba	Alipay	支付宝 Alipay.com	161,377
Tencent	Tenpay	财付通	10,026
Lakala	Lakala	拉卡拉	2,457
China Telecom	Bestpay	翼支付	3,699

출처: 아이루이

아이루이 보고서에에 따르면 중국의 인터넷 이용자들은 인터넷 뱅킹이나 POS기기보다 온라인과 모바일 전자결제 서비스를 더 자주 이용하는 것으로 나타났다. ICT 선진국인 미국과 비교해도 미국은 인터넷 이용자의 19%만이 모바일 결제를 이용해본 경험이 있는 반면에 중국 인터넷 이용자는 55%가 모바일 결제를 이용해 본 것으로 나타나서 중국의 인터넷 이용자들이 전자결제를 좀 더 적극적으로 이용하고 있음을 알 수 있다.

중국 전자결제 서비스 흐름도

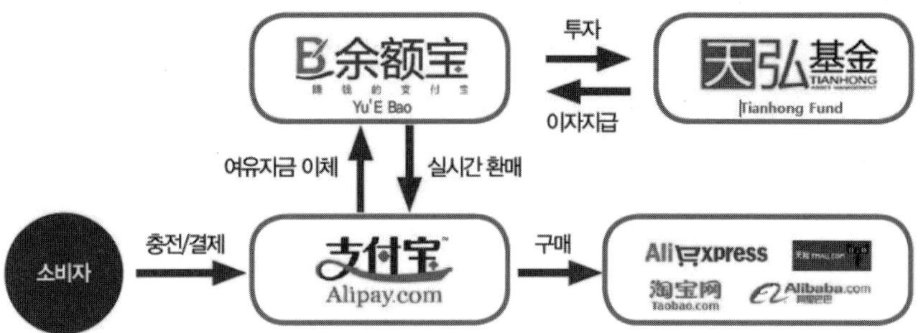

출처: 우리금융경제연구소

중국의 ICT대기업들도 발 빠르게 전자결제 시장에 뛰어들고 있다. 지난 2013년 6월, 아리바바는 전자결제 서비스 알리페이의 잔액을 운용해 주는 일종의 머니마켓펀드MMF 상품 '위어바오余额宝'를 출시하였다. 위어바오는 2014년 말 기준으로 가입자 1억 8,500만 명에 약 5,789억 위안의 펀드 규모를 자랑하고 있으며, 중국 1위, 세계 4위의 통화 펀드로 부상했다.

아리바바에 이어 바이두, 텅쉰 등도 경쟁적으로 온라인 금융서비스를 출시하였다. 바이두는 2013년 10월 중국자산관리와 손잡고 온라인 펀드 '바이파Baifa'를 출시하였다. 최대 연 8%의 수익률로 출시한 이 상품은 단 20여 분 만에 목표 판매량인 10억 위안을 달성하였다. 텅쉰도 2014년 1월에 온라인 재테크 상품인 '리차이통理財通'을 선보였는데 출시 하루 만에 8억 위안의 고객 자금이 몰리는 등 큰 인기를 끌었다. 이와 같이 중국 ICT 기업의 온라인 금융 서비스는 중국 내에서 큰 성과를 올리고 있다. 비금융권 기업들이 전자결제 시장에 적극적으로 뛰어들고 있는 이유는 서비스나 제품의 경쟁력 강화 측면뿐만 아니라 금융 서비스 분야로 사업 영역을 확대하기 위함이다.

최근 중국의 전자결제 서비스는 한국에도 적용되고 있다. 알리페이가 롯데백화점, GS25 등에 이미 적용됐고 세븐일레븐이 알리페이에 이어 텅쉰의 텐페이를 전국 매장에 적용하는 등 국내 유통기업들을 중심으로 중국의 전자결제 서비스가 빠르게 보급되고 있다.

중국 전자결제 서비스 한국 업체 제휴 내용

중국 서비스	일시	제휴 한국 업체	제휴 내용
알리페이	2015.05	세븐일레븐	전국 점포에서 알리페이 결제 서비스 제공
	2015.04	한국정보통신	명동 대형 의류 매장과 화장품 매장에 알리페이 서비스 제공
	2015.04	GS25	10개 지점에 알리페이 서비스 적용, 5월부터 전국 점포로 확대
	2015.04	롯데백화점	본점 등 7개 점포에 알리페이 결제 시스템 도입
	2015.05	롯데닷컴	알리페이 결제 시스템 도입
웨이신페이	2015.06	케이알파트너스	커핀그루나루, 신라면세점, 이니스프리에 웨이신페이 적용
텐페이	2015.05	세븐일레븐	전국 점포에서 알리페이 결제 서비스 제공
	2015.04	다날	국가 간 바코드 결제 서비스 제공 제휴

출처: KT경제경영연구소

이에 따라 최근 한국 정부도 인터넷전문은행 도입 및 활성화를 추진하고 핀테크 규제개혁 움직임을 가속화하는 등 중국을 포함하여 글로벌로 확산되고 있는 금융과 ICT 융합 움직임에 대응하고 있다.

전자상거래 분야에 있어 중국소비자들의 한국 상품에 대한 관심이 여전히 높고, 한중 FTA에서도 전자상거래 분야가 주요 이슈로 다뤄지고 있는 만큼 향후 국내 ICT 기업과 전자상거래 관련 기업들의 중국 시장 진출 기회도 커질 전망이다.

2. 중국 광고 시장의 트렌드, 온라인 마케팅

중국 온라인 광고 시장의 발전 속도는 매우 빠르다. 2005년 기준 65억 위안이던 중국 온라인 광고 시장 규모는 2015년 2,000억 위안을 돌파하였다. 중신건투연구발전부中信建投研究发展部의 보고서에 의하면 2017년 중국 온라인 광고 시장의 규모는 2,852억 위안에 이르고 종합성장률은 26.89%에 달할 전망이다.

2011~2015 중국 온라인 광고 시장 규모

구분	2011	2012	2013	2014	2015
시장 규모(억 위안)	513	753.1	1,100	1,565	2,136
성장률(%)	57.60	46.80	46.10	42.27	36.48

출처: 아이루이, 중신건투연구발전부 (中信建投研究发展部)

이관즈쿠 보고서에 따르면 2015년 4분기를 기준으로 온라인 광고 유형별 집행 형태를 살펴보면 키워드 광고가 36.9%, 동영상 광고가 25.2%, 브랜드 사진·문자 광고가 24.8%, 이메일 광고가 0.7% 그리고 기타 광고가 12.4%로 나타났다. 특이한 점은 동영상 광고가 꾸준히 상승하고 있다는 점이다.

2015년 기준 중국 온라인 광고상들의 시장 점유율을 살펴보면 바이두가 30.8%로 가장 높고 아리바바, 텅쉰, 써우후, 구거중국, 치후, 유쿠투더우 등의 순으로 나타났다.

2015 중국 온라인 광고 기업 시장 점유율

온라인 광고사	비중(%)
바이두(百度)	30.8
아리바바(阿里巴巴)	21.9
텅쉰(腾讯)	7.6
써우후(搜狐)	3.9
구거중국(谷歌中国)	3.8
치후360(奇虎360)	3.5
유쿠투더우(优酷土豆)	2.3
신랑(新浪)	2.2
써우팡(搜房)	1.3
러스(乐视)	1.2
치처즈자(汽车之家)	1.1
레바오이동(猎豹移动)	1.0
왕이(网易)	0.9
펑황신메이티(凤凰新媒体)	0.6
기타(其他)	17.9

출처: 이관즈쿠

2015 중국 온라인 광고주 시장 점유 비중

광고주	비중(%)
교통 관련	22.0
부동산 관련	13.1
식품 · 음료관련	13.1
온라인 서비스 관련	12.7
일상용품 관련	8.8
금융 서비스 관련	7.0
여가 · 오락 관련	6.3
IT제품 관련	5.0
통신 서비스 관련	3.6
소매급 서비스 관련	2.7
기타	5.7

출처: 이관즈쿠

2015년을 기준으로 중국에서 온라인 광고를 가장 많이 집행한 광고주는 교통 관련 광고주가 22%로 가장 높았으며, 부동산과 식음료 관련 광고주가 13.1%로 그 뒤를 이었다. 이어서 온라인 서비스 관련, 일상용품 관련, 금융 서비스 관련, 여가·오락관련, IT제품 관련, 통신 서비스 관련, 소매급 서비스 관련 등의 순으로 나타났다.

소비자를 알아야 중국이 보인다

차이나
온라인
마케팅

중국 소비시장을 이끌 핵심 동력

1. 빠르게 성장하는 중국 소비시장

중국의 경제 성장이 가파르다. 덩달아 중국 소비자의 지갑도 두둑해지고 있다. 소비 여력이 커지면서 사치품 소비도 늘고 있다. 전자상거래 등 신규 소비 채널 활성화로 내수시장도 살아나고 있다. 중국 소비시장은 2007년 9.4조 위안에서 2015년 30.1조 위안으로 급성장하며 전년대비 10.7%의 성장률을 보였다. 이러한 급성장의 배경에는 공산당 중심의 정치 체제와 이에 기반한 독특한 소비시장이 있다. 독특한 시장에는 독특한 소비자가 존재하기 마련이다. 중국에서 성공하기 위해서는 중국 시장과 중국 소비자의 변화를 면밀히 주시할 필요가 있다.

최근 10년간 중국 소비시장의 성장 추이

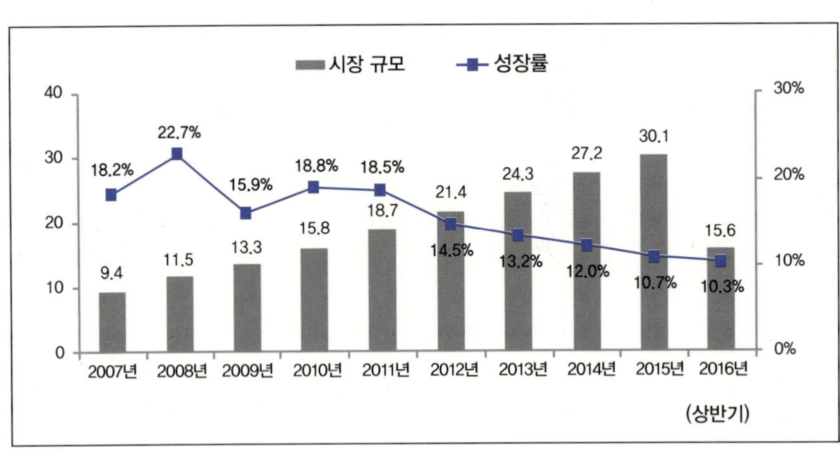

출처: 중국국가통계국(中华人民共和国国家统计局)

중국인들의 소비도 단순히 먹고 입는 형태의 필수 소비에서 꾸미고 가꾸는 형태의 품질 소비 형태로 바뀌고 있다. 소비 비중을 살펴보면 식품/복식류의 필수품 수요 비중은 줄어든 대신 자동차류와 가구류, 장식류의 수요 비중은 점점 높아지고 있다. 2015년 소비 비중을 살펴보면 자동차류가 26.89%, 식용류/식품류가 14.54%, 석유제품류가 13.78%, 복장/신발·모자/방직류가 10.07%, 가정용 전기기구/음향 기자재류가 6.18%, 중국/서양약품류가 5.9%, 금은보석류가 2.29%, 건축/장식 자재류가 2.29%, 화장품류가 1.53%로 나타났다. 2001년과 비교할 때 식용류/식품류, 복장/신발·모자/방직류의 소비 비중이 5% 이상 떨어진 데 반하여 자동차류는 19% 이상 상승하였고 건축/장식 자재류와 가구류는 1% 이상 증가하였다.

2005~2015 각종 소비품류 소비 구성 비중

구분	복장/신발 모자/ 방직류(%)	화장품류 (%)	가구류 (%)	가정용 전기기구/ 음향 기자재류 (%)	건축/ 장식 자재류 (%)	금은 보석류 (%)	식용류/ 식품류 (%)	자동차 류(%)
2005	11.83	1.96	0.72	9.46	0.89	1.50	16.39	18.85
2006	11.46	1.84	0.78	9.14	0.90	1.54	15.27	19.82
2007	11.40	1.84	0.88	8.93	1.02	1.73	15.23	21.49
2008	11.45	1.81	0.87	8.21	0.72	1.93	14.81	21.66
2009	10.96	1.76	1.02	7.48	1.06	1.92	13.68	27.36
2010	10.12	1.53	1.21	6.99	1.31	2.17	12.60	28.72
2011	10.18	1.41	1.51	6.88	1.79	2.35	13.21	26.66
2012	10.48	1.44	1.72	6.36	2.12	2.37	13.29	25.50
2013	10.31	1.47	1.77	6.27	2.26	2.67	13.40	26.09
2014	10.05	1.46	1.82	6.08	2.25	2.38	13.69	26.72
2015	10.07	1.53	1.83	6.18	2.29	2.29	14.54	26.89

출처: 중국국가통계국

2. 중국 소비시장의 3대 핵심 계층, 부유층·젊은 세대·여성

중국 소비시장의 핵심 계층은 누구일까? 전문가들은 중국 소비시장의 핵심 계층으로 부유층과 젊은 세대 그리고 여성을 꼽는다. 중국에서 부유층이란 월 가처분소득이 1만 2,500에서 2만 4,000위안에 달하는 중산층을 포함한 계층을 의미하는데, 2020년에 중국의 부유층은 1억 가구에 달하고 2015~2020년 중국 부유층의 소비시장은 평균 17%의 증가 속도를 보일 것으로 전망된다.

중국의 소비를 이끌어 가는 핵심 계층인 여성

중국의 젊은 세대는 80년대 이후에 태어난 세대를 의미한다. 이때 태어난 세대들은 기성세대와는 판이한 가치관과 생활방식을 보이며 현재 중국 시장의 주력 소비군으로 부상하였다. 새로운 것에 익숙하고 자기중심적이며, 독립성이 강한 이들은 강력한 소비성향을 보인다. 이들이 중국 소비시장에서 차지하는 비중은 2015년 45%에서 2020년 53%까지 성장할 것으로 전망된다.

여성 또한 핵심 소비 계층이다. 2015년 중국 GDP에 대한 여성의 기여도는 41%로 전 세계에서 가장 높은 것으로 나타났다. 중국 가정 소득에 대한 여성 평균 기여도는 32.3%, 중국 도시 여성의 월평균 임금은 7,267 위안으로, 중국 도시 여성은 수입의 60% 이상을 소비에 사용하는 것으로 나타났다. 이러한 여성의 소비성향 때문에 중국 소비 산업의 80%가 여성 소비자를 타겟으로 마케팅을 전개하고 있다.

3. 중국의 신세대 엄마 '라마辣妈'를 잡아라

중국의 신세대 엄마 '라마辣妈'들의 바람이 거세다. 라마는 개성 있고 질 높은 삶을 추구하는 20~30대 엄마들을 지칭하는 중국의 인터넷 신조어다. 라마는 대부분 소황제로 일컬어지는 80~90년대생으로 중국 부모의 85% 이상을 차지한다.

라마는 경제력과 정보력을 갖춘 신세대 부모로 자녀를 위해서 아낌없이 지갑을 연다. 이들은 프리미엄 제품을 선호하고 자녀의 건강과 안정을 최우선으로 생각한다. 1980년대에 1가구 1자녀 제도가 시행된 후 풍요로운 경제 환경에서 성장한 이들은 소비성향이 무척 높다. 중국 정부가 2015년 10월에 두 자녀 정책을 시행하면서 라마의 수는 점진적 증가 추세를 보이고 있다. 이러한 배경으로 중국 유아용품 시장이 지속적으로 성장할 것이라는 데 전문가들의 이견은 없다.

기업들도 이미 라마들의 마음을 사로잡기 위해 치열한 라마 시장

쑨리孙俪가 라마 역할을 담당한 드라마
'불량엄마백서辣妈正传 포스터'

잡기 경쟁에 뛰어들었다. 특히 라마 시장 공략을 위해 관련 업체들은 IT 기기를 다루는 데 익숙한 신세대 부모들의 소비 패턴에 주목하고 온라인 전자상거래 시장을 강화하고 있다.

상하이에서 열린 국제 유아용품 박람회CBME China 2016에서는 전 세계 수많은 영유아 제품 및 서비스 기업들이 참여해 중국 라마들의 취향에 맞춘 고품질 제품과 서비스를 선보이며 중국 영유아 시장의 키를 쥐고 있는 라마들을 잡기 위한 뜨거운 관심을 보여주었다.

4. 주력 소비층으로 성장하는 농촌 소비자

농촌 주민이 타오바오를 이용해서 물건을 검색하고 있다

중국 소비시장에서 농촌 소비자가 주요 소비층으로 부상하고 있다. 아직까지 개발되지 못한 농촌 지역이 많지만, 농촌 지역 개발이 점차 확대되면서 소비 수준도 높아지고 있다. 2015년 농촌 1인당 소비지출은 9,223 위안으로 2014년 대비 10% 성장하였다.

중국 농촌의 현대화는 중국 정부의 농촌 진흥정책으로 점점 속도를 붙여가고 있다. 중국 정부는 농촌의 수익 구조 개선과 도시와 농촌 간의 격차 해소 등을 위해 다양한 농촌 발전 정책을 시행하고 있다. 예를 들어 농촌 지역을 중심으로 소비 보조금을 제공하고, 농촌 지역에 백 개의 대형 유통기업과 도매시장을 건설하는 '쌍백공정双百工程' 등 유통 시스템의 현대화 정책을 추진하고 있다.

　　정부의 정책적 지원과 더불어 자체적인 농업소득 증가, 도시 취직 농민공의 송금에 따른 이전소득 증가, 도시 소비문화의 농촌 확산 등의 이유로 농촌 소비자들의 소비가 급격히 증가하고 있다. 그러나 농촌 소비 증가의 가장 큰 요인은 인터넷 및 모바일 보급률 증가에 따른 전자상거래의 확대라고 할 수 있다. 2015년 말을 기준으로 중국 농촌 인터넷 이용률은 28.4%로 약 1.95억 명에 이른다. 이는 2014년 대비 1,694만 명이 증가한 수치로, 도시에 비해 인터넷 이용자 성장 속도가 약 2배에 이르는 것으로 나타났다. 농촌 인터넷 이용자의 증가로 2015년 농촌 지역 전자상거래 거래액은 3,530억 위안에 달했으며, 전년 동기 대비 96%나 성장하였다. 전자상거래의 활성화로 그동안 자급자족에 머물던 농촌 경제가 대도시와의 거래가 이뤄지는 교환거래 시장으로 빠르게 진입하였고, 이에 따라 농촌 소비시장이 거대한 잠재 시장으로 부상하고 있다.

중국 소비자의 소비 심리

1. 스마트해지는 중국 소비자

　중국 시장에서 소비자의 시장 참여가 꾸준히 늘고 있다. 소비자들은 과거 일방적으로 정보를 전달 받던 수동적인 방식에서 탈피하여 웨이보, 웨이신 등 IT의 발전과 함께 접근 가능해진 다양한 소통 채널을 통해 소비시장에 대한 참여와 권익 주장의 목소리를 높이고 있다. 인터넷이 발달하고 소비자의 정보 습득 능력이 강화되어 기업과 제품 정보에 대한 접근성이 더욱 향상되면서 중국 소비자들은 제품 설명, 성분, 출처에 대해 보다 투명한 정보를 요구하고 있다.

　스마트해지는 중국 소비자들이 증가하면서 체험에 기반한 구매 현상도 증가하고 있다. 광고 등 일방적인 미디어 파워에 의해 수동적으로 제품을 선택했던 것에서 직접 체험 후 구매하는 추세로 전환되고 있다. 이러한 배경에는 기업들이 온오프라인을 적극적인 체험 마케팅의 장으로 활용하고 있는 이유도 있지만, 무엇보다도 생활을 통해 얻은 정보를 스마트한 소비로 연결시키려는 중국 소비자들의 의식 변화가 더 크다.

2. 소셜미디어에 빠진 중국 소비자

디지털 기기를 이용해서 개인적 소통을 즐기고 있는 중국 소비자

중국 소비자는 온라인에서 개인적인 소통을 즐긴다. 때문에 소셜미디어 플랫폼에서 상당한 시간을 소비하는데, 매주 인터넷을 하며 보내는 시간이 26시간이 넘는다. 관계를 중요시하는 중국 소비자는 기업이나 브랜드 그리고 주변인들과 개인적인 상호작용을 즐기고 싶어 한다. 때문에 웨이보나 웨이신 등과 같은 소셜미디어를 통해서

기업이나 브랜드 그리고 주변인들과 꾸준히 관계 구축을 시도한다.

중국 시장은 빠르게 변모하고 있다. 특히 오프라인에서 온라인으로의 전환 속도는 괄목할 만하다. 중국 온라인 소비시장의 주체는 개성이 강하고 개방적이며, 시대의 흐름에 민감한 주링허우90后 세대로 전환되고 있다. 중국의 인터넷 인구 중 약 6억 명 정도가 스마트폰을 사용할 정도로 개인화 기기의 보급 또한 이미 일반화되었다. 온라인에서는 개인 블로그나 개인 방송 등 중국 온라인 소비자의 개인화 성향을 타겟으로 하는 정보, 방송 프로그램 그리고 상품들이 넘쳐나고 있다. 이러한 점들을 고려할 때 앞으로도 온라인 매체를 매개로 한 중국 온라인 소비자의 개인적 소통은 더욱 더 확산될 전망이다.

소셜미디어에 기반한 소비는 편리하고 알뜰하며, 신뢰성이 있다. 중국 소비자들은 소셜미디어에 기반한 소비를 이렇게 평가한다. 물론 비판적인 평가도 많지만, 소셜미디어에 최적화된 소비 행태를 보

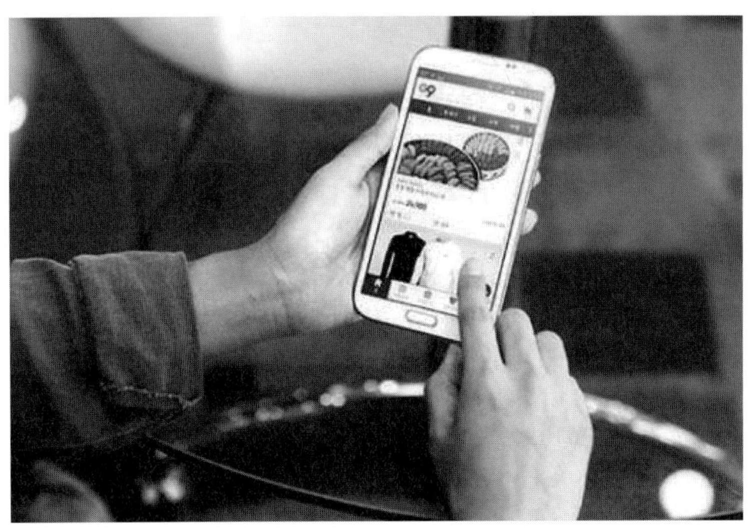

중국 소비자가 휴대폰으로 구매할 물건을 검색하고 있다

이는 소비자는 가파르게 증가하고 있다.

중국 소비자들은 소셜미디어에 기반한 기업의 다양한 이벤트를 즐기고, 할인을 찾아 다니며, 새로운 상품과 서비스를 경험하고 소비한다. 소셜미디어에 기반한 소비는 개성과 독특함을 강조하기도 하고 때로는 대중의 군중 심리가 적용되기도 한다.

소셜미디어에 기반한 소비를 하는 중국 소비자는 비슷한 세대의 소비자 의견에 대한 의존성이 높은 것이 특징이다. 값비싼 광고보다 SNS 상의 소비자가 경험한 의견을 더욱 신뢰한다. 이들은 소셜 매체를 통해 스스로 입소문을 내고 소비를 유도하는 주도적 소비 세력으로 변모하고 있다.

3. O2O 마케팅에 빠진 중국 소비자

중국 온라인 쇼핑 시장의 새로운 화두로 등장한 것이 O2O 마케팅이다. O2O 마케팅은 위치 기반 기술과 핀테크 기술의 발전 그리고 스마트폰의 대중화에 맞춰 온라인과 오프라인 매장을 연동하는 마케팅이다. 온라인이 아무리 발전하였더라도 오프라인에서만 할 수 있는 소비 행위들은 아직 다양하게 존재한다.

실제로 중국에서 O2O 마케팅은 소규모 식당에서 대형 기업에 이르기까지 다양하게 이뤄지고 있다. 온라인 고객이 오프라인 매장으로 유인되기 시작하면서 오프라인에서의 매출이 증가하는 온·오프라인 시너지가 만들어지고 있다. 특히 위치 기반 서비스, QR 코드 그리고 새로운 어플리케이션들이 생겨나면서 O2O 마케팅이

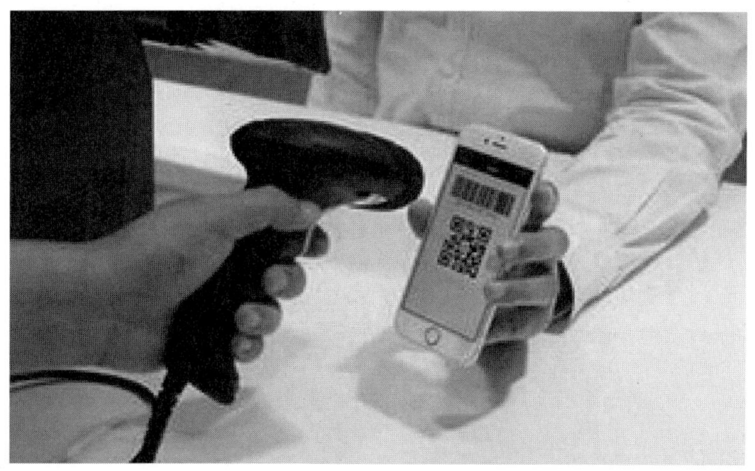

상점에서 QR 코드를 스캔하고 있는 모습

빠르게 확산되고 있다.

위치 기반과 모바일 기술을 활용하면 온라인 사이트 회원 가입자가 오프라인 매장을 지나갈 때 서비스 및 혜택에 대한 정보를 제공함으로써 오프라인에서의 매출을 유도할 수 있다. 뿐만 아니라 타겟 광고를 통해 잠재 고객의 실제 소비를 유인할 수도 있다. 때문에 O2O 오프라인 매장은 마케팅을 통해 온라인으로 구축된 구매 집단을 오프라인 소비로 연계시키는 데 힘을 쏟고 있다. 반면 오프라인 소비를 통해 구축된 관계를 온라인 상의 우호적 관계로 확대 유도함으로써 지속적인 마케팅과 커뮤니케이션 기반을 확보하기 위한 노력도 지속되고 있다.

O2O 마케팅은 소비자의 편의성과 활용도를 높일 수 있는 마케팅으로, 소비자들의 우호적인 반응을 이끌어 내면서 중국 마케팅의 주요 흐름으로 자리 잡았다. 이제 중국에서 오프라인 매장을 방문

한 고객들이 QR코드를 통해 매장의 온라인 회원으로 가입하는 모습을 쉽게 발견할 수 있다. O2O 마케팅은 상품 정보, 이벤트, 쿠폰 등을 온라인으로 제공하고, 이러한 혜택을 오프라인 매장에서 사용하도록 함으로써 온라인과 오프라인의 상호작용을 이용하는 마케팅이다. O2O 서비스를 활용하면 기업은 소비자에게 한층 더 가깝게 다가갈 수 있고, 소비자는 브랜드 체험뿐만 아니라 다양한 혜택을 향유할 수 있다. 이러한 이유로 O2O 서비스를 즐기는 중국 소비자들이 점점 증가하고 있다.

4. 건강을 중시하는 중국 소비자

중국 소비자의 건강에 대한 욕구가 날로 증가함에 따라 관련 산업도 성장하기 시작하였다. 뿌연 대기오염에 지치고 공포감까지 느낀 중국 소비자는 먹거리부터 환경에 이르기까지 생활 전반에 걸쳐 건강 챙기기에 열을 올리고 있다. 아침에 일어나서 그 날의 대기오염 수치를 찾아보는 것은 이제 중국 소비자들에게 흔한 일이 되었다. 자신이 얼마나 활동하고 있는지 측정하는 모바일 장비 사용도 보편화 되었다. 민텔Mintel에 따르면 현재 30%의 중국인이 자신의 활동 수준을 측정하기 위해 모바일 앱을 사용하고 있으며, 74%의 소비자가 건강을 위해 미래에 웨어러블 기기를 착용할 의향이 있는 것으로 나타났다.

지아일량Jiailian은 중국 소비자의 건강을 염려하는 심리를 이용해 방문 헬스 트레이너 서비스를 제공하여 바쁜 중국 소비자들에게 인기를 얻기도 하였다. 중국 전자상거래 업체인 징둥京东에서 2015년도에

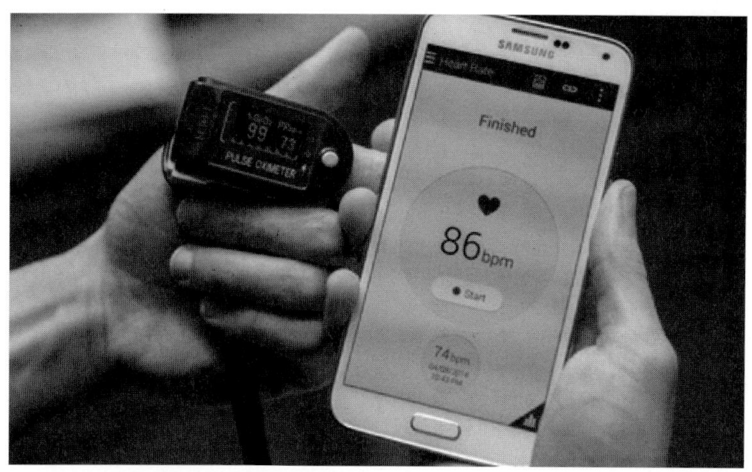

모바일 APP을 활용한 심장박동 체크 결과를 확인하는 모습

　　판매된 건강 관련 제품은 2014년에 비해 2배 이상의 성장률을 보였으며, 단품으로는 공기청정기가 75억 위안의 매출을 기록하기도 하였다.

　　중국 소비자의 건강에 대한 관심은 음식산업 분야에서 확대되는 추세다. 자기관리와 불량 식품에 대한 염려에서 시작된 소비자들의 건강한 음식 찾기는 웰빙 식품 문화로 발전하고 있다. 농장에서 직접 고른 재료로 만든 샐러드를 당일 혹은 2시간 내 배송하는 신선 식품 배달업이 발달하고, 천연 식품에 대한 관심도 증가하고 있다.

　　단순히 음식이나 운동을 통해 건강을 챙기는 것을 넘어서 정신적으로도 건강한 삶을 찾는 중국 소비자들도 증가하고 있다. 정신수양이나 심리 치료 그리고 요가와 휴식 공간 등 정신적인 건강을 위한 기회들을 찾기 시작하였고, 기업들도 육체적인 건강뿐만 아니라 정신적인 건강을 관리해 주는 제품과 서비스들을 선보이고 있다. 예를 들어 성인용 컬러링 북의 경우 '스트레스를 경감해 준다'라는 이유로 중국에서 큰 인기를 끌기도 하였다.

5. 개성을 중시하는 중국 소비자

개성을 중요시하는 소비를 이끄는 바링허우80后 세대

'똑같은 것은 싫다'고 말하는 중국 소비자가 증가하고 있다. 누구나 다 쓰는 것이 아니라 자신만의 개성을 강조하고 드러낼 수 있는 제품을 선호하는 젊은 소비자들이 중국 소비시장의 한 축을 이루고 있다. 남들이 뭐라고 해도 자신의 취향에 맞는 제품을 선호하는 소비 행태는 주로 GDP 20,000달러 이상이 되어야 나타나기 시작하는 선직국형 소비 행태이다. 그런데 GDP 8,000달러 초반에 불과한 중국 소비시장에서도 도시 거주자를 중심으로 이러한 경향이 나타나고 있다.

취향 기반의 소비는 주로 여행, 음식, 명품 등 흔히 체험과 교류 가치가 높은 재화 영역에서 빠르게 확산되고 있다. 특히 개성을 중시하는 바링호우 세대에서 이러한 취향에 기반한 소비가 주도되고 있다. 사회적인 가치보다는 개인적으로 좋아하기 때문에 혹은 삶의 질을 향상시키기 위해서 상품과 서비스를 소비하는 경향은 온라인 중심의 전자상거래 플랫폼의 진화로 확산되고 있다.

6. 외국 상품 소비에 익숙한 중국 소비자

중국 소비자는 외국 상품 구매에 익숙하다. 외국 상품은 중국인들 사이에서 품질이 높은 것으로 인식되고 있다. 때문에 소비 여력이 높은 중국 소비자들은 음식에서 사치품에 이르기까지 다양한 외국 상품을 소비한다. 중국 소비자의 외국 상품 구매 행위는 상품이나 서비스에 대한 불신에도 기인하지만, 온라인 전자상거래에 익숙한 소비자들의 증가도 한 몫을 하고 있다.

중국 소비자는 세계 사치품 시장의 큰 손으로 여겨진다. 해외의 최고급 상품을 구매하는 것으로 스스로의 경제적 능력을 표출하고, 벤츠, 페라가모, 디올과 같은 세계적으로 유명한 브랜드 상품을 선호한다. 특히 일부 부자들은 브랜드 상품을 생산지에 직접 가서 구매하는 경향을 보이기도 한다. 아직까지도 중국에서는 해외 생산지에 가서 브랜드 상품을 직접 구매하는 것이 아무나 누릴 수 없는 특권처럼 여겨지기 때문이다.

명품 브랜드샵 앞에 길게 늘어선 중국 소비자들

이러한 외국 제품을 선호하는 경향은 중국 전자상거래의 발달과 함께 온라인 해외 직구로 이어졌다. 타오바오 등을 통해 전자상거래에 익숙해진 소비자들이 해외 사이트에서 직접 상품을 구입하거나 직구 대행사를 통하여 물품을 구입하는 경우가 증가하고 있다. 전자상거래를 이용한 온라인 해외 직구 이용자는 2015년에 2,400만 명에 달했는데, 이 중 인터넷에 익숙한 35세 이하의 소비자가 80%를, 대졸 이상의 학력 보유자가 94%를, 월수입이 5,000위안 이상의 소비자가 53%를 차지하는 것으로 나타났다.

2015 중국 소비자 브랜드별 선호도

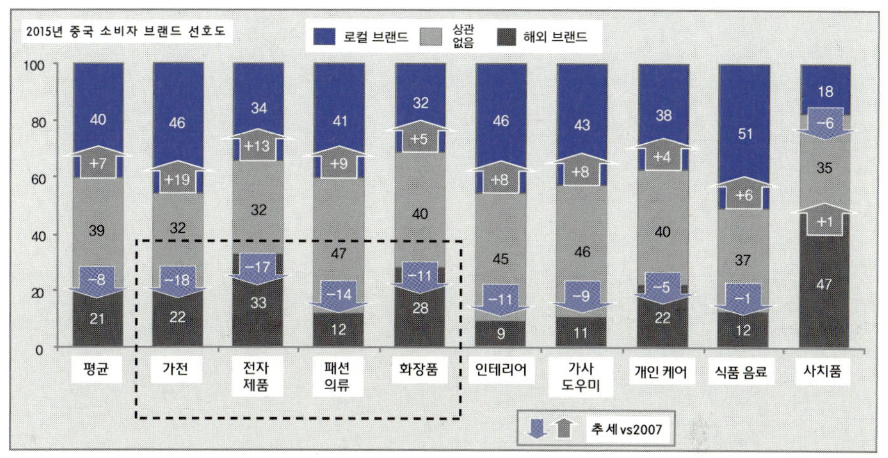

출처: EIU(Economist Intelligence Unit)

중국은 경제 개방 이후 지난 30여 년간 이룬 경제 성장으로 충분한 부를 축적하였다. 그리고 가난한 시대를 경험해 보지 않은 25~40세의 소비층이 브랜드 소비시장의 새로운 주역으로 등장하였다. 젊은 소비층은 근검절약이 미덕이던 옛날과는 다른 사고방식을 지니고 있으며, 국제사회에서 중국의 지위가 급부상함에 따라서 자신의 미래에 대해서도 비교적 큰 자신감을 보인다. 이들의 월소득은 대략 5천~5만 위안 정도로 비교적 높으며 자신의 성공을 드러내고 싶어 하는 성향이 강하다.

영국의 경제 전문지인 〈이코노미스트〉에 실린 평론에 따르면 현재 중국인들의 소비 습관이 일본을 닮아가고 있으며, 남들이 사는 것은 자신도 반드시 구입하고 비싼 것을 선호한다고 지적하였다. 중국 소비자의 명품 소비에도 이러한 속성이 내포되어 있다. 중국에서는 지금처럼 향후에도 경제 잡지 표지에는 손목시계 광고가, 여성 패션 잡지에는 가방 광고가 장식될 것이다. 왜냐하면 몸에 지니는 손목시계와 가방은 다른 사람이 늘 쉽게 알아볼 수 있기 때문이다.

중국 소비자의 브랜드 선호 경향은 날이갈수록 뚜렷해질 것으로 전망된다. 브랜드에 대해 관심이 적을 것 같지만 실제로는 브랜드에 대한 애착이 높고, 자신의 소비에 브랜드를 적용해 구매를 실행하는 경향이 있다. 이들이 브랜드 제품을 선호하는 주된 이유는 자기과시는 물론 브랜드 제품의 높은 품질과 신뢰도 때문이다. 스타벅스의 중국 내 매출과 매장 수의 빠른 증가는 브랜드를 우선 순위에 두는 중국 소비자의 특성에서도 찾을 수 있다. 중국 소비자가 스타벅스 제품을 선호하는 이유는 단순히 커피를 마신다기보다는 브랜드를 소비하기 위함으로 볼 수 있다.

7. 애국주의 소비성향의 중국 소비자

KFC 불매운동을 하고 있는 중국 소비자들

반면 중국 소비자들은 애국주의적 소비성향이 보이기도 한다. 국가적인 이슈가 발생하면 관련된 제품이나 서비스를 보이콧하는 경우가 많은데, 소비자들의 결집력도 높아서 보이콧을 당하는 기업은 막대한 피해를 입는다. 2012년 '조어도釣魚島' 문제를 둘러싸고 일본 제품에 대한 중국 소비자들의 불매운동이 벌어지면서, 일본산 제품에 대한 공공연한 공격뿐만 아니라 중국인이 운영하는 일본 상품 판매점이나 식당 등을 공격하는 일이 발생하기도 하였다. 남중국해南中国海 문제로 촉발된 중국과 미국의 대결 국면에서 중국인들은 'KFC 불매운동'과 '애플 제품 불매운동'을 벌이기도 하였다. 랑콤이 홍콩과

티베트 독립을 주장한 데니스 호Denise Ho를 초청해 판촉 대변인을 맡기려고 했다는 이유로 랑콤 불매운동을 벌이기도 하였다. 또한 사드 배치 문제로 한국 연예인의 중국 TV 출연 제한 등에 동조하고, 한국 문화 배척은 물론 사드 부지를 제공한 롯데에 대해서는 제품 불매운동을 전개하기도 하였다. 중국 소비자들은 이른바 '애국'이라는 이름 아래 자국의 이익에 반하는 국가나 기업의 제품 또는 서비스에 대한 반감을 표출하고 이를 소비로 연결시키는 경향이 높다.

2016년 코트라는 경제 분야에서 13·5 규획十三五规划, 중국제조 2025中国制造2025, 인터넷 플러스, 웨이상微商, 일대일로一带一路 등 23개의 키워드를, 사회 분야에서는 두 자녀 정책全面二孩, 라마 등 8개 키워드를 그리고 문화 분야에서는 새싹 머리핀小草发夹 등 4개의 키워드를 선정하는 등 '올해 중국을 이해하는 키워드 35선'을 발표한 바 있다. 중국 소비시장을 관통하는 주요 핵심 키워드들을 살펴보자.

왕훙网红

'왕뤄훙런网络红人'의 줄임말인 왕훙은 한국의 파워블로거와 인터넷 방송 BJ가 혼합된 개념으로, 온라인 상에 대량의 팔로워를 가지고 있는 유명인을 뜻한다.

웨이상微商

웹 3.0시대에 파생된 웨이신, 웨이보 등 SNS 플랫폼을 이용해 제품을 전시하고 판매하는 비즈니스 모델을 지칭한다.

O2OOnline to Offline

O2O란 온라인과 오프라인을 연결해 새로운 가치를 창출하는 서비스를 의미한다. 2014년 중국 O2O 시장의 규모는 3,000억 위안을 돌파하였다. 바이두, 아리바바, 텅쉰 등의 대형 IT기업들이 O2O 시장에 진출하면서 시장이 급성장하였다.

QR코드 결제二维码支付

소비자가 QR코드를 스캔하여 소비한 금액을 결제하는 방식으로 남녀노소 불문하고 빠르게 확산되고 있다.

라마辣妈

한자로는 '매운 엄마'를 의미하는 '라마'는 유행에 민감한 패셔너블한 신세대 엄마를 가리키는 신조어이다.

바우호우85后

90년대 생인 주링호우90后와 80년대 생인 바링호우80后의 특징을 모두 가진 신세대 직장인들을 의미한다. 온라인 미디어를 자유자재로 활용하는 세대로 중국 소비시장의 주축으로 떠오르고 있다.

남중국해南中国海

태평양의 일부로 중국, 인도네시아, 베트남, 필리핀, 말레이시아, 브루나이, 싱가포르 등의 7개국이 접해 있으며 닿아 있는 모든 나라가 영토분쟁에 연루되어 있다고 볼 수 있다.

13.5 규획十三五规划

2016~2020년 향후 5년 간의 중국 경제발전 목표와 방향을 제시하는 5개년 경제 정책이다.

중국제조 2025 中国制造2025

독일의 '공업 4.0'과 미국의 제조업 관련 정책에 대한 중국의 대응책으로 2025년까지 중국이 제조업 대국에서 '제조업 강국'으로 성장하기 위한 전략이다.

일대일로 一带一路

중국이 내놓은 종합적 지역 협력 및 지역 개발 전략이다. '일대一带'는 중국–중앙아시아–유럽을 연결하는 '실크로드 경제권'을 의미하며, '일로一路'는 아세안ASEAN 국가들과의 해상 협력을 기초로 동남아시아에서 출발해 서남아시아를 거쳐 유럽과 아프리카까지 이어지는 '21세기 해양 실크로드'를 뜻한다.

인터넷 플러스 互联网+

인터넷 플랫폼 및 정보통신 기술을 활용하여 인터넷과 기타 산업의 융합을 통해 새로운 경제발전 생태계를 창조하는 전략이다.

SDR 特别提款权

중국 위안화가 국제거래에서 중심적인 역할을 하는 기축통화에 포함됐음을 뜻한다. 편입 시점은 2016년 10월 1일, 편입 비율은 10.92%이다. 현 IMF 기축통화로는 달러, 유로, 엔, 파운드가 있다.

선강퉁深港通

선전의 약칭인 '선深'과 홍콩의 약칭 '강港'이 통한다는 의미이다. 선전 증시와 홍콩 증시 간의 교차매매를 허용하는 정책으로, 중국 본토와 해외 개인투자자가 별도의 라이센스 없이 중국 본토와 홍콩에 투자할 수 있다.

공급측 개혁供给側改革

시진핑 주석이 중국 거시경제의 새로운 방향으로 '공급측 개혁'을 제시함에 따라 중국의 향후 경제발전 모델이 될 것으로 예상된다.

모바일 결제电子支付

모바일 결제 및 송금, 개인자산관리, 크라우드 펀딩 등 정보기술을 기반으로 한 새로운 형태의 금융 기술을 의미한다.

크로스보더 전자상거래跨境电商

국경을 넘는 전자상거래를 의미한다. 2016년 4월 8일 중국 정부가 크로스보더 전자상거래 소매 수입 세수 정책을 시행하고 동시에 행우세行邮税 정책을 조정함으로써 크로스보더 전자상거래의 '면세 시대'가 막을 내렸다.

바오류保六

2016~2020년 향후 5년 간 경제 성장률을 6%대를 유지하겠다는 중국 정부의 경제 목표다.

촹커_{创客}

기술 기반의 혁신 제조업자를 지칭하는 신조어로 영어 'Maker'의 중국식 표현이다. '촹커'는 2015년 1월 리커창 총리가 창업 인큐베이터인 선전의 차이훠촹커쿵젠(柴火创客空间)을 시찰하면서 이슈로 부상하였다.

홍색공급망_{红色供应链}

중국의 자국 중심 산업정책과 중간재 수입대체율 제고, 외자 기업 부품 30% 중국산 사용 의무화 등의 산업화 트렌드로 중국발 서플라이 체인의 변화를 지칭한다. 기존에 수입품 위주로 형성되던 중간재 시장 구조를 자국산으로 대체하는 것으로 중국 상징색인 빨간색과 가치사슬을 표현해 영어로는 'red value chain'으로 표기한다.

토종 브랜드의 역습_{本土品牌逆袭}

자동차, 스마트폰 등의 분야에서 중국 현지 토종 브랜드의 시장 점유율이 빠르게 확대되는 현상이다. 로컬 브랜드 자동차들이 SUV 인기에 힘입어 약진하는 가운데 창청자동차_{长城汽車}가 연속 12년 SUV 판매 1위를 차지하였으며, 샤오미_{小米}와 화웨이_{华为}는 2015년 2분기 중국 시장에서 각각 15.9%, 15.7%의 점유율로 1, 2위를 차지하였다.

네거티브 리스트_{负面清单}

외국인의 투자 금지 또는 제한 업종, 분야, 업무 등을 명시하고 나머지에 대한 외국인의 투자를 허용하는 방식이다.

스펀지 도시海绵城市

원시적인 지형을 조성함으로써 도시가 스펀지처럼 물을 흡수해 폭우, 홍수 등으로 인한 침수에 대처 기능을 보유한 것을 의미한다.

다이아몬드 경제권菱形经济圈

청두, 충칭, 시안, 쿤밍이 하나의 경제권을 이뤄 4개의 도시를 연결하면 지도상 다이아몬드 형태로 연결이 가능해 '다이아몬드 경제권'이라고 불린다.

DT大数据技术

무선 클라이언트와 빅데이터 플랫폼을 기초로 한 데이터 기술 시대를 뜻한다. 아리바바 마윈 회장이 제시한 신조어로, 마윈 회장은 "지난 20년간 지속된 IT시대가 저물고, 앞으로 30년간 DT혁명에 기반한 새로운 인터넷 시장이 열리게 될 것"이라고 말한 바 있다.

카셰어링拼车

출발지와 목적지가 유사한 차주와 승객이 차를 같이 이용하는 C2C 기반의 카셰어링을 의미하며, 카셰어링 앱의 장점이 부각되면서 사용자가 증가하는 추세다.

경사치품轻奢侈品

경사치품은 고급 사치품 기업의 서브라인 상품으로 젊은층을 겨냥한 디자인과 독특함, 명품보다 저렴한 가격으로 넓은 소비 시장을 형성하고 있다.

공작계획孔雀计划

첨단 기술, 금융, 물류, 문화 등 지주 산업과 대체에너지, 인터넷, 바이오, 신재료 등 전략 신흥 산업을 중심으로 한 해외 고급 인력과 스타트업 유치를 위한 선전시 정부의 계획이다. 중국 정부는 해외 고급 인재 유치를 위한 '천인계획千人计划'을 추진중이다.

열병식 블루阅兵蓝

중국이 9월 3일 '항일전쟁 승리 70주년 기념 열병식'을 맞아 시행한 대기오염 개선 정책의 효과를 나타내는 신조어이다.

두 자녀 정책全面二孩

출신 지역, 거주 구역, 민족에 상관없이 중국의 모든 부부가 두 자녀까지 두는 것을 인정하는 정책이다

얼다이二代

윗세대의 부와 사회적 지위를 이어받는 중국의 계층 세습화를 일컫는 신조어다. '푸얼다이富二代', 관얼다이官二代', '차이얼다이拆二代', '신얼다이新二代'등의 단어로 주로 쓰인다. 재벌 2세 '푸얼다이'나 고위급 관료의 자제 '관얼다이'는 능력도 없이 선대의 부와 권력을 물려받았다는 부정적인 표현으로 쓰이기도 한다.

샤오캉 사회 小康社会

의식주를 걱정하지 않는 물질적으로 안락한 사회, 국민 다수가 중산층으로 복지를 누리는 중진국 상태를 의미한다. 장쩌민 전 중국 국가주석이 2002년 16차 당대회에서 2020년까지 전면적인 샤오캉 사회를 달성하겠다고 말한 이후 중국 발전의 상징어로 자리 잡았다.

농민공 귀향

대규모 농민공들이 대도시를 떠나 다시 고향으로 되돌아가는 현상을 의미한다. 이로 인해 기업들은 인력 고용난을 겪고 있다. 전문가들은 농민공들의 귀향 열풍이 더욱 심해질 것으로 예측하고 있는데, 이는 중국 정부의 농촌 현대화, 토지제도 개혁, 농촌의 소비력·경쟁력 강화 정책과 연관된다.

노란우산 혁명 占领中环

2017년 행정장관 선거에 대한 중국의 선거개혁안을 거부하고 '진정한 보통선거'를 요구하는 홍콩의 민주화 시위를 지칭한다.

~노예 ~奴

집, 차, 육아 등에 무리한 소비로 인해 경제고를 겪고 있는 사람들을 지칭한다.

똥 duang

'똥'은 한국어로 '매우 좋다', '대박'이라는 뜻으로 쓰이지만, 한편으로는 '짜증나', '별로야' 등 부정적인 의미로도 쓰인다.

이 단어는 2015년 2월 말부터 SNS를 통해 급격하게 퍼져 중국 대표 SNS인 웨이보에서 사용된 'duang'의 횟수가 800만 번 이상을 기록하였다.

새싹 머리핀 小草发夹

콩나물 꽃 혹은 머리에 난 꽃이란 뜻으로 중국에서 유행했던 새싹 모양의 헤어핀을 의미한다. 중국 서남부 쓰촨성 충칭의 애니메이션 페스티벌에서 처음으로 유행하기 시작했는데 각 지역의 번화가를 중심으로 '새싹 머리핀'을 꼽고 다니는 사람이 증가하였다. '귀여움을 추구하는 문화萌文化'의 대표적 현상이다.

샤오셴러우 小鲜肉

12~30세의 신세대 남성들을 가리키며 여리고 온순한 성격, 어린 나이와 준수한 용모, 건장한 몸 등이 특징이다. 한국의 '베이글 남'을 의미한다.

옌즈 颜值

'옌颜'은 얼굴·용모, '즈值'는 수치, 즉 외모 지수라는 뜻을 가진 신조어다.

출처: 중국 신문 보도, KOTRA(올해 중국을 이해하는 키워드 35선)

3

중국에서 通하는 온라인 마케팅 전략

차이나
온라인
마케팅

중국 온라인 마케팅 첫걸음

중국에 진출하려는 기업에게 온라인 마케팅은 기회다. 오프라인 마케팅이 직접적이고 영향력이 클 수는 있지만 높은 비용 때문에 중소기업이 실행하기는 만만치 않다. 고비용의 오프라인 광고 대안이 바로 온라인 마케팅이다. 온라인 마케팅은 비용 대비 효과가 크기 때문에 중국 시장에서 브랜드를 알리고 상품이나 서비스를 판매하려는 기업에게 대세 마케팅으로 자리잡았다. 중국 시장에서 효율적인 마케팅 방법으로 환영받고 있는 온라인 마케팅 전략전술을 살펴보자.

1. 핵심 마케팅 플랫폼을 선정하라

중국에는 수많은 온라인 매체가 존재한다. 인력과 비용이 된다면 보다 많은 매체를 활용하여 마케팅을 전개하는 것이 좋다. 그러나 마케팅 비용과 인력에는 늘 한계가 있기 때문에 마케팅을 전개할 때 선택과 집중을 할 수 밖에 없다. 마케팅 전략 중에 IMCIntergrated Marketing Communication라는 것이 있다. IMC는 쉽게 말해서 상품 마케팅을 위해서 전략적으로 할 수 있는 모든 매체 커뮤니케이션을 진행하는 것을 의미한다. 중국 온라인 마케팅을 진행함에 있어서도 IMC 전략이 중요하다. 굳이 SNS에서만 마케팅을 하겠다거나 동영상 사이트에서만 마케팅을 하겠다는 전략을 수립할 필요가 없다. 이용할 수 있는 온라인 매체라면 그것이 무엇이든 전략적으로 활용할 필요가 있다.

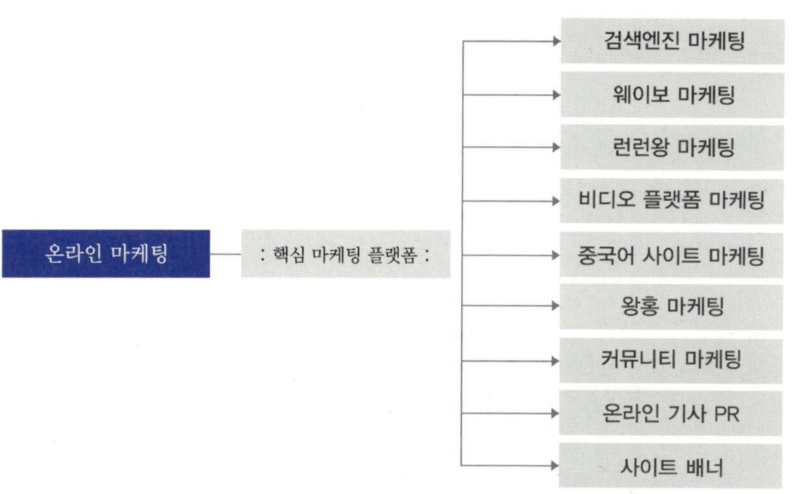

웨이신을 주요 마케팅 플랫폼으로 선정한 중국 온라인 미디어 IMC 전략

그럼 중국에서 온라인 마케팅을 좀 더 효율적으로 진행하는 전략은 무엇일까? 그것은 바로 핵심 플랫폼을 선정하는 것이다. 핵심 플랫폼이라고 하면 기업이 마케팅을 추진하는 목적에 가장 적합한 매체를 의미한다. 기업은 우선 핵심 플랫폼을 선정하고 비용과 인력을 동원하여 핵심 플랫폼을 위주로 기타 매체를 부가적인 마케팅 매체로 활용하는 것이다. 예를 들어 웨이보를 핵심 플랫폼으로 정할 수도 있고 웨이신 또는 유쿠를 핵심 플랫폼으로 정할 수도 있다. 만약 웨이보를 핵심 플랫폼으로 잡았다면 웨이신, 홈페이지, 런런왕, 타오바오, QQ, APP, 바이두, 아이치이, 유쿠 등 다양한 매체를 웨이보를 서포트하는 보조 매체로 활용하는 것이다. 마케팅 비용과 인력의 확대에 따라 핵심 플랫폼을 늘려가는 전략을 구사한다면 자칫 소모적이 될 수 있는 초기 마케팅 비용을 줄일 수 있다.

2. 마케팅 플랫폼, 계정 만들기부터 시작하라

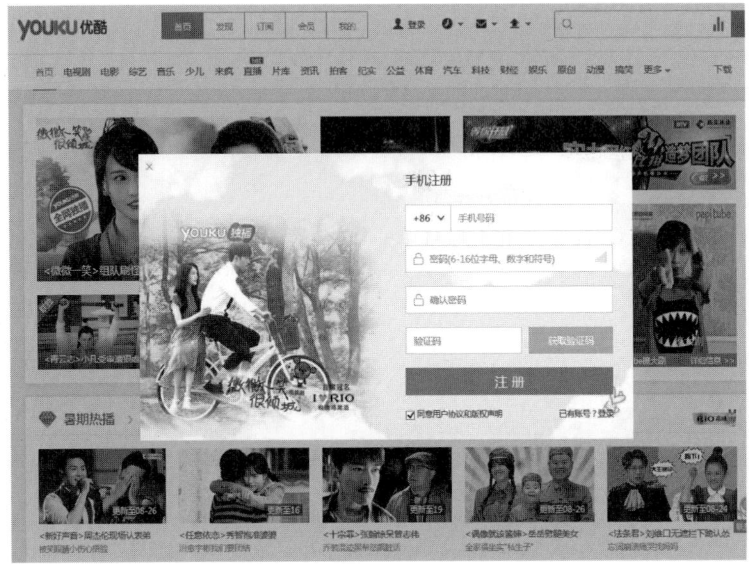

중국 동영상 사이트 유쿠 휴대폰 번호를 활용한 계정 등록 화면

중국 온라인 사이트나 SNS 가입은 비교적 간단하다. 물론 중국 어에 익숙하지 않은 경우에는 어렵게 느껴질 수도 있지만, 간단한 가 입 절차만으로도 계정을 생성할 수 있다. 특히 일부 중국 유명 SNS 는 한국어로도 사용이 가능한데, 그중 중국에서 가장 널리 사용되는 SNS인 웨이신은 한국에서도 손쉽게 한국판을 다운로드 받아서 사 용할 수 있다. 온라인 마케팅을 전개하려면 온라인 매체를 활용할 줄 알아야 하고, 온라인 매체의 계정을 만드는 것이 바로 그 첫걸음이다.

계정을 만든다고 해서 중국의 모든 온라인 사이트에 계정을 만들 라는 것은 아니다. 각자 기업의 제품이나 서비스 또는 개인적인 필요에 따라서 계정을 개설할 사이트를 우선적으로 선택할 필요가 있다. 그것이 포탈이든 APP이든 또는 SNS든 온라인 마케팅이 가능하다면 어떤 것이든 상관없다. 매체가 선정되었다면 망설이지 말고 바로 계정을 개설하라.

3. 마케팅 목적에 딱 들어맞는 모바일 APP을 찾아라

모바일 생태계 속에서 APP 마케팅이 붐이다. 매일 APP이 생겨나고 또 사라진다. 2015년 말 기준으로 중국에서 통용되는 APP은 약 190만 개이며, 그중 중국에서 개발되어 사용되는 APP은 약 21만 개다. APP을 온라인 마케팅 수단으로 주목하는 기업은 이미 통용되는 APP을 활용하거나 신규 APP을 만들어 마케팅을 전개하고 있다.

중국에는 인터넷 운영 업체, 통신사, 휴대폰 제조사 등이 제공하는 APP 다운로드 플랫폼이 300개가 넘는다. 소비자들은 APP 플랫폼을 통해서 필요한 APP을 다운로드하여 사용한다. 조사에 따르면 중국 시장에서 안드로이드 이용자의 60% 이상이 광고 기반의 APP에 거부감을 느끼지 않는다고 한다. 또한 중국 APP 사용자 중 3분의 2가 자신의 스마트 기기에 적어도 한 개 이상의 유료 APP을 다운 받아 사용한다고 한다.

APP 유통을 통해서 온라인 마케팅을 진행하는 기업은 안드로이드 마켓과 같이 시장 점유율이 높은 APP 다운 마켓 사이트에 등록하는 것이 좋다.

웨이보나 웨이신과 같이 회원 수가 많고 구독력이 큰 플랫폼 활

어머니와 아기 관련 APP에서 점유율 NO.1인
'바오바오수원위宝宝树孕育' 모바일 어플리케이션 화면

용도 효과적이다. 이미 형성된 온라인커뮤니티 사이트를 타겟으로 잡는 것도 방법이다. 기존 APP을 활용하여 온라인 마케팅을 진행하려는 기업은 우선 자사 제품이나 서비스와 연관성이 높은 APP을 택한 후 그 중에서 회원들의 활동이 가장 활발하고 타겟층이 자주 이용하는 APP을 선정하여 정보 노출을 극대화 하는 마케팅이 필요하다.

4. 오리지널 콘텐츠를 생성하라

중국에서는 바이두 SEM이 핵심이다

SEMSearch Engine Marketing 은 온라인 마케팅의 중요한 축이다. 중국 소비자는 무언가를 궁금해할 때 바이두와 같은 검색 사이트에서 키워드를 입력하여 필요한 정보를 찾는 데 익숙하다. 검색 사이트를 통해 정보를 찾는 소비자들은 일반적으로 검색 후 첫 페이지에 출력되는 정보 이외에는 크게 관심을 보이지 않는다. 때문에 소비자가 검색엔진을 통해서 검색할 경우 기업 소식이 첫 페이지에 그리고 가능하면 페이지 상단에 검색 결과로 노출되는 것이 좋다.

SEM은 검색을 통해 소비자가 좀 더 깊은 정보를 확인하도록 하고 이를 기업의 매출로 이어지게 하는 온라인 마케팅 기법이라고 할 수 있다. SEM을 효과적으로 진행하기 위해서는 우선 SEOSearch

Engine Optimization가 필요하다. SEO는 SEM을 통해 노출되는 사이트가 검색엔진에 최적화되도록 하는 작업이다. SEO가 적용되고 SEM이 제대로 실행되면 소비자가 키워드를 검색했을 때 기업의 브랜드나 상품 또는 서비스 문구가 상위 노출된다. 이렇게 되면 사이트의 방문 트래픽이 증가하는 것은 물론 매출 상승도 기대할 수 있다.

그러나 SEO만으로 SEM을 진행할 수는 없다. SEM이 최상의 효과를 내기 위해서는 경쟁력 있는 콘텐츠가 필수적이다. 일반적으로 검색엔진은 오리지날 콘텐츠를 잘 검색한다. 그러므로 SEM을 통해 브랜드의 상위 노출도를 높이기 위해서는 오리지널 콘텐츠를 생성해야 한다.

SEM에 적합한 오리지널 콘텐츠를 만들기 위해서 포럼과 Q&A 세션을 활용하는 것도 좋은 방법이다. 한 조사에 따르면 중국 소비자들은 서양 소비자보다 온라인 상에서 진행되는 포럼을 중요시하고, 포럼의 정보를 확인하는 데 더 많은 시간을 소비한다고 한다. 이들은 상품이나 서비스와 관련한 포럼에 긍정적이거나 부정적인 댓글을 달면서 자신의 의사를 표현하는 것을 즐긴다. Q&A 세션도 중국 소비자들이 좋아하는 오리지널 콘텐츠를 생산할 수 있는 장소이다. 소비자가 기업의 상품이나 서비스에 대해 궁금해하는 것을 다양한 형식으로 게시함으로써 검색을 유도할 수 있다. 중국 시장 진출을 추진하는 기업이라면 상품이나 서비스와 관련해 Q&A 세션으로 커뮤니케이션을 시작하는 것도 좋은 방법이 될 수 있다.

오리지널 콘텐츠를 생산한다는 것은 결국 스스로를 남들과 다르게 포지셔닝한다는 것이다. 창의적인 콘텐츠를 만들어 흥미 넘치는 이벤트와 프로모션을 통해 소비자에게 전달하는 것이 핵심이다. 여기서 한 가지 더 중요한 부분은 소비자가 콘텐츠를 쉽게 검색할 수 있는 주요 검색 키워드를 선정하는 것이다. 연구에 따르면 중국 소비자는 검색을 즐기고 검색에 있어 일정한 키워드를 적용하는 경향이 있다고 한다. 만약 소비자들이 검색하는 오리지널 키워드와 콘텐츠를 확보한다면 SEM의 파워는 한층 더 커질 것이다.

5. 핵심 키워드를 확실히 하라

'우리 상품은 이것도 좋고 저것도 좋고 또 다른 것도 좋다'라는 식의 백화점식 설명은 소비자를 혼동시킬 수 있다. 소비자가 기업의 브랜드나 상품 홍보에 내주는 시간은 그리 길지 않다. 그러므로 짧은 시간 안에 소비자의 기억에 브랜드나 상품을 각인시키기 위해서는 소비자가 쉽게 잊지 못하는 포인트를 어필해야 한다. 때로는 한국 상품이라는 것이 중요한 어필 포인트일 수도 있고, 때로는 김수현이 광고 모델이라는 것이 주요 어필 포인트일 수도 있다. 중국 온라인 마케팅을 진행하는 데 있어서 중요한 것은 기업의 브랜드나 상품이 가지고 있는 핵심 역량과 경쟁 우위를 간단하게 한 마디로 강하게 어필하는 것이다.

키워드뿐만 아니라 온라인 마케팅에 사용되는 콘텐츠는 온라인 소비자에게 더 많은 정보를 제공함으로써 기업의 브랜드를 인지시키기 위한 것이다. 콘텐츠는 기업의 브랜드에 대한 신뢰를 만들고 브랜드 이미지를 긍정적으로 발전시킬 뿐만 아니라 기업의 전문성을 나타낸다. 2016년 한 콘텐츠 마케팅 조직이 실시한 조사에 따르면 B2B

조직의 86%가 콘텐츠 제작 전략을 가지고 있다고 밝혔다.

잘 만들어진 콘텐츠는 검색엔진에서 기업의 콘텐츠를 더욱 잘 검색되게 한다. 그렇다면 소비자들의 콘텐츠에 대한 인식은 어떨까? 우선 소비자의 80%는 단순히 광고성 캠페인 보다는 기업에 대한 소식이 담긴 정보를 더 선호한다. 78%는 잘 만들어진 콘텐츠가 소비자들과 좀 더 실질적인 관계를 형성할 수 있다고 믿는다. 58%는 비디오 콘텐츠를 가진 기업이 더 신뢰할 만하다고 생각한다. 그리고 71%는 동영상이 기업에 긍정적인 이미지를 미친다고 여긴다. '가장 섹시한 기업'과 같이 중장기적인 전략 하에서 수립된 핵심 키워드는 중국 소비자의 심장을 빠르게 뛰게 만들 수 있다.

6. 온라인 마케팅, 기본에 충실하라

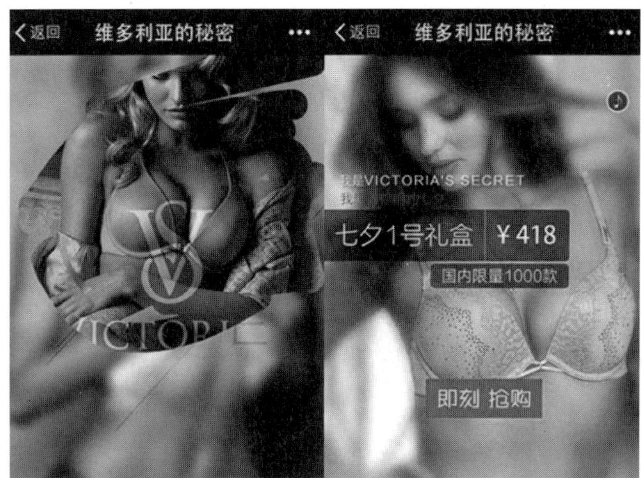

빅토리아 시크릿이 웨이신에서 밸런타인데이 프로모션으로 선보인 브랜드
제품 cool H5 광고는 스크린의 VS를 터치하면 섹시한 모델이 등장하여
브랜드에 대한 소개를 하는 독특한 모바일 광고로 인기를 끌었다

중국 마케터들은 기본에 충실한데, 그들이 자주 사용하는 방법 중에 하나가 바로 검색 사이트 등록이다. 기업의 마케팅 사이트가 발표되는 즉시 유명 검색 사이트에 등록하는 것이다. 다른 사이트와 합작해 서로의 사이트에서 연동이 가능하도록 함으로써 더욱 나은 마케팅 효과를 추구할 수도 있다. 바이럴 마케팅은 고객이 이메일이나 다른 매체를 통해 자발적으로 제품을 홍보하기 위해 널리 퍼뜨리는 마케팅 기법이다. 온라인 광고는 검색률이 높은 사이트에 문자, 사진, 플래시, 동영상 등의 형태로 광고를 올리는 방법이다. 정보 노출은 소비자에게 가치가 있는 정보를 사이트에 포스팅함으로써 소비자

의 조회를 유도하는 것이다. 이메일 마케팅은 기업이 가능한 수단을 동원해 고객의 이메일을 수집해 고객이 관심을 가질 만한 콘텐츠를 제공하여, 고객이 기업 사이트를 열람할 수 있게 유도하는 것이다. 온라인 회원제는 사이트에 일정 정보를 입력하고 가입하도록 하는 방법으로, 전자상거래에 있어서 가장 효율적인 온라인 마케팅 방법이다. 온라인 스토어는 직판 전자상거래 사이트 혹은 제3의 전자상거래 플랫폼을 이용해 상품을 포스팅하는 방법이다.

SNS 마케팅을 효과적으로 수행하기 위한 전략은 무엇일까? 먼저 창의적 활동으로 소비자의 참여를 이끌어내는 것이다. SNS 상에서 이뤄지는 창의적 활동은 소셜 네트워크를 통해 빠르게 확산되고 브랜드 인지도와 선호도에 긍정적 영향을 미친다. 따라서 소비자와 친밀한 관계 구축이 매우 중요하다. 소비자와 친밀해지면 브랜드에 대한 보다 빠르고 긍정적인 피드백을 받을 수 있기 때문이다. 계정을 오픈하였다고 해서 무작정 브랜드가 알려지는 것이 아니다. 입소문이 날 수 있는 이슈나 아이템을 끊임없이 생산하고 이를 다양한 SNS 매체를 통해 전파시켜야 한다. 남들보다 매력적인 마케팅 방식의 발굴도 필요하다. 똑같은 방식으로 기본적인 수준에 머무르는 SNS 마케팅 보다는 SNS 간의 접목이나 SNS의 숨겨진 기능들을 찾아내서 새로운 온라인 마케팅을 수행할 수 있어야 한다. 또한 소비자에게 꾸준히 새로운 상품 정보를 전달해야 한다. 늘 똑같은 상품과 똑같은 소개 자료는 소비자에게 매력적으로 다가가지 못한다. 자신의 브랜드, 상품, 서비스와 관련된 새로운 정보를 제공하는 것을 게을리해서는 안 된다.

7. 꼭 화려한 마케팅일 필요는 없다

중국 58퉁청58同城 홈페이지

중국마케팅이 꼭 화려할 필요는 없다. 홈페이지를 예로 들어보자. 홈페이지는 온라인 마케팅의 기초 플랫폼이다. 중국 소비자들은 제품이나 서비스를 확인하고자 할 때 홈페이지를 통해 정보를 획득하는 경우가 일반적이다. 홈페이지가 없다면 기업의 존재를 의심하는 경우가 많다. 홈페이지는 웨이보나 웨이신으로 연결하거나 검색 키워드 광고 등 온라인 마케팅을 진행할 때 정보 플랫폼 역할을 하기도 한다.

웨이보나 웨이신의 경우 신속하게 정보를 전달할 수 있는 반면 한 번에 다양한 정보를 제공하거나 대량의 정보를 개괄적으로 볼 수 없다는 한계가 있다. 때문에 SNS 만으로 소비자에게 기업의 구체적인 정보를 제공하는 것은 어려움이 따른다. 알림이나 고지를 통한 온라인 마케팅이 아니라 정보를 상세하게 전달해야 하는 경우에는 홈페이지가 유용한 온라인 마케팅 툴이 될 수 있다.

군이 비싸고 화려한 홈페이지를 만들 필요는 없다. 그래픽이 많이 포함된 화려한 홈페이지는 오히려 중국 인터넷 속도 때문에 잘 열리지 않아서 소비자에게 짜증을 유발할 수도 있다. 기업이 전달하고자 하는 정보 위주로 구성하여 소비자들이 기업의 신뢰성을 느낄 수 있을 정도의 홈페이지면 충분하다. 다른 마케팅 수단도 마찬가지다. 보여주기식의 화려한 마케팅보다는 소비자에게 이익이 되는 내실 있는 마케팅이 소비자의 환영을 받을 수 있다.

8. 소비자를 궁금하게 하라

온라인 광고는 기존 4대 매체 광고에 비해서 비용이 저렴하고, 타겟팅과 효과 분석이 수월하다. 특정 업종, 지역, 도시, 소비자의 흥미에 따라 광고의 대상을 선택하고 설정할 수 있을 뿐만 아니라 광고 대상이 광고에 접근하는 빈도를 확인하여 효과적인 타겟 광고를 진행할 수 있다.

중국 소비자를 대상으로 온라인 광고를 시행할 때 소비자의 주목을 끌 수 있는 방법들이 있다. 우선 단순히 화려한 광고보다는 '건강을 원하십니까'등의 질문식 광고 방법을 사용하는 것이다.

이러한 질문 형식의 인터넷 광고는 클릭률이 일반 광고의 평균 클릭률보다 16% 정도 높다는 조사도 있다.

중국에서는 색상 사용도 중요하다. 중국 온라인 사이트는 한국

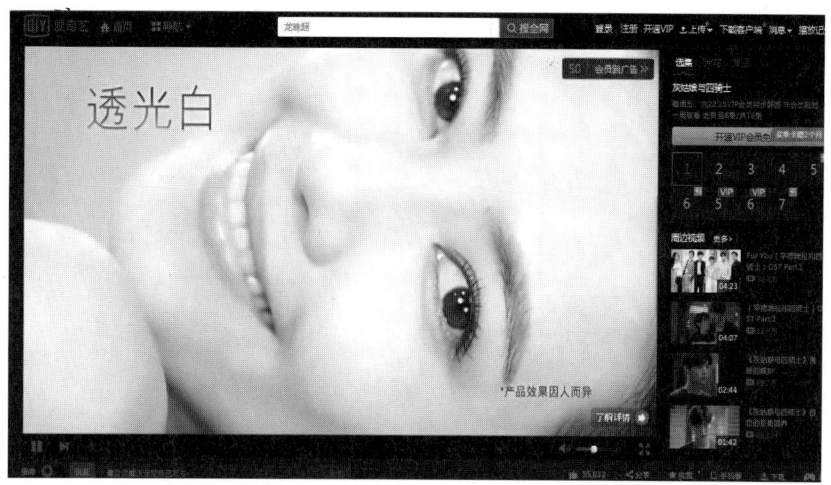

2016년 8월, 아이치이에서 방영된 한국 드라마 〈신데렐라와 네 명의 기사〉
방영 전에 방송된 SK-II 동영상 광고

처럼 화려하지 않다. 때문에 선명한 색의 인터넷 광고는 소비자의 주의를 끌고 반응을 쉽게 이끌어 낸다. 조사에 따르면 흰색, 빨강색, 검정색은 그다지 효과적이지 못하고 청색, 녹색, 노란색이 효과적이다.

인터넷 광고는 페이지가 처음에 로딩될 때 나타나는 광고가 가장 클릭률이 높다. 때문에 광고의 위치는 될 수 있는 한 페이지의 상단이 좋다. 만약 그것이 불가능하다면 페이지의 가장 마지막도 괜찮다.

정적인 것보다는 동적인 인터넷 광고가 효과적이다. 때문에 가능하면 애니메이션 효과를 사용하는 것이 좋다. 조사에 따르면 간단한 Java나 GIF 애니메이션만 사용하더라도 정적인 형태의 배너 광고보다 반응률이 25%정도 증가하는 것으로 나타났다.

애매모호한 메시지와 그림도 소비자의 주의를 끈다. 광고가 어떤 의미인지 궁금하게 만들어 소비자의 관심을 유도하는 것이다. 클릭하지 않고는 세부 내용을 알 수 없기 때문에 궁금증을 못 이긴 소비자들의 클릭률이 높아진다. 이러한 방법은 브랜드 인지도 확산보다는 상품이나 서비스 마케팅에 더 적합하다.

인터넷 광고가 소비자의 행동을 일으키게 할 수 있다면 더할 나위 없이 좋은 광고라고 할 수 있다. 광고 전략가들은 매장에서 직접 손님을 안내하듯이 고객을 안내하는 것이 효과적이라고 말한다. 단순히 '이쪽으로 오세요', '여기를 클릭하세요'와 같은 메시지를 넣는 것으로도 배너 광고 반응률이 15% 상승한다고 한다.

온라인 소비자는 같은 광고를 몇 번 이상 본 후에는 더 이상 광고에 관심을 갖지 않는다. 조사에 따르면 4회째부터는 반응률이 평균 1% 이하로 떨어진다. 이것을 배너의 효과 소실이라고 한다. 이 시점에 이르면 광고의 효과는 기대할 수 없다. 같은 광고를 반복해서 노출하기보다는 많은 소비자들이 접할 수 있도록 비용효과를 최대한으로 높이는 방법을 찾아야 한다. 소비자의 반응은 사이트마다 페이지마다 다르다. 인터넷 광고를 실행하려면 각 사이트와 페이지를 보다 주의 깊게 분석함으로써 적절한 인터넷 광고를 집행하는 것이 효과를 높이는 방법이다.

9. 온라인 마케팅에 스토리를 담아라

온라인 소비자들은 스토리 공유를 즐긴다. 단순히 품질이 좋은 브랜드보다는 공감할 만한 스토리를 보유한 브랜드에 더 깊은 관심을 가지고 또한 공유하고 싶어한다. 소비자가 브랜드 제품을 구매한

1条回答

"德"字为什么少一横

全聚德的创始人杨全仁，请一位名叫钱子龙的秀才题写匾额。这一匾额几经风雨，一挂就是130多年。可是不知您是否注意到：全聚德牌匾上的德字少了一横。这是为什么呢？

有人说，当时杨老板把钱子龙请来，两人对饮开杯，杨全仁得知钱子龙书法非常好，于是马上拿出笔墨纸砚，请钱秀才题个字。由于钱秀才多喝了两杯，精神有些恍惚，一不留心，"德"字忘写了一横。

还有人说，当时杨全仁创业时，一共雇了13个伙计，加上自己一共14个人。为了让大家安心干活，同心协力，所以让钱秀才少写一横，表示大家心上不能横一把刀。听到这，也许您会反问：那加上一横，不是更表示一心一意吗？

这些当然都是猜测和传说。真正的原因是什么呢？原来早在一千多年前，"德"就是像象形字一样的字，可以有一横，也可以没有横。这一点，我们可以从唐宋元明清书法名家的墨迹中得到印证。比如，现立于北京国子监孔庙的清朝康熙皇帝御书《大学碑》中的"德"字就没有一横；又比如生活在与全聚德创立同期的清代画家郑板桥本人书写的"德"字，有的带一横，有的不带一横。

另外，我们还可以从中国古钱币方面来考证"德"字。例如，北宋真宗年间（公元1004年）铸造的"景德道宝"的"德"字就没有横，而明朝宣宗年间（公元1426年）铸造的"宣德道宝"的"德"字就有横。

从以上分析可以得出这样的结论：在过去"德"字有两种写法，可以有横，也可以没有横，两种写法都是正确的。全聚德为了保持其牌匾的历史原貌，所以牌匾上的"德"字一直少一横。

解放后全聚德最早的文字广告

在一本1950年11月1日出版的旧书里，有着全聚德的一则广告。只可惜这本书已没有书皮儿，无法知道它的书名。但从这本书的前言内容上分析推断，它是一本介绍北京，类似于《北京指南》的一本书。看它的出版时间可以推断，它是解放后全聚德最早的文字广告之一。它对于我们研究解放初期的全聚德提供了一手资料。

这则广告的上半部分是四行从右到左繁体字排列的四句话：

"各位到北京必须到前门外肉市廿四号 北京第一著名烤鸭专家全聚德去尝尝挂炉烤鸭"

广告的下半部分是纵列从右到左的繁体字说明文字：

"经百余年精心研究 营养丰富 酥脆焦嫩 美味适口 中外驰名 特聘名师精做各种菜肴 远年花雕 座位清洁 服务周到 诸君一尝 保证满意"。

总共54个字连着写，没有一个标点符号。接着是四列小字：

"电话定座 七〇六六八 外叫电话通知 准时送上不误"

从这里我们可以看出，当时全聚德的烤鸭已很有名气，就餐环境优雅服务更是没的说，不仅可以让客人堂吃，还可为顾客送烤鸭上门，而且有"准时"、"不误"的服务承诺。

중국 대표 오리구이 전문점인 '취안쥐더全聚德'의
브랜드 스토리 및 역사에 대한 바이두 Q&A 화면

다는 것은 브랜드가 보유한 스토리를 함께 사는 것이다. 스토리텔링 없는 마케팅은 앙꼬 없는 찐빵이라고 할 수 있다. 스토리텔링은 소비자가 온라인 마케팅에 좀 더 입맛을 다시게 하고, 경험 후 훨씬 맛있다는 느낌을 받도록 만든다. 즉 스토리텔링은 소비자로 하여금 기업의 상품이나 제품에 대한 인지도와 선호도를 오래 유지하도록 할

뿐만 아니라 스토리텔링의 방향으로 소비자 행동이 유발되도록 만든다. 소비자들이 기업의 제품과 서비스를 접하고 경험할 때 스토리텔링이 함께 동반된다면 구전 효과는 훨씬 높아진다. 온라인 마케팅은 전통 4대 매체를 활용한 마케팅보다 훨씬 더 풍부하게 매체 공간을 사용할 수 있기 때문에 다양한 이야기를 담아내는 스토리텔링 마케팅에 유리하다. 자신만의 재미있고 감동적이며 독특한 스토리를 만들어 중국 소비자들과 공유한다면, 마케팅 효율을 극대화할 수 있을 것이다.

10. 유행하는 마케팅 방식을 접목하라

'먀오사秒殺'는 전자상거래 시장에서 가장 유행하는 온라인 마케팅 방법 중 하나다. 전자상거래에서 먀오사는 초특가 한정 할인 판매를 의미하는데, 온라인 쇼핑몰 등에서 일부 제품을 매우 낮은 가격으로 내놓고 경쟁을 통해 구매하게 하는 방식이다.

중국의 대표적인 자동차 브랜드 BYD는 먀오사로 자동차를 판매해 막대한 홍보 효과를 거둔 적이 있다. BYD는 중국 공상은행, ESLIFE 온라인 쇼핑몰과 함께 2010년 11월 11일 독신자의 날과 2010년 12월 25일 크리스마스, 2011년 1월 15일까지 세 차례 연속으로 '11위안 BYD 자동차 먀오사' 행사를 개최하였다. 먀오사 행사 상품은 약 7만 6천위안의 BYD F3R 1대, 4만 위안 상당의 BYD FO 2~3대였다. 수많은 중국 언론 매체가 이 행사를 홍보했으며, 1,000만 명 이상의 네티즌이 이 세 차례의 먀오사 행사에 참가해 높은 마케팅 효과를 거두었다.

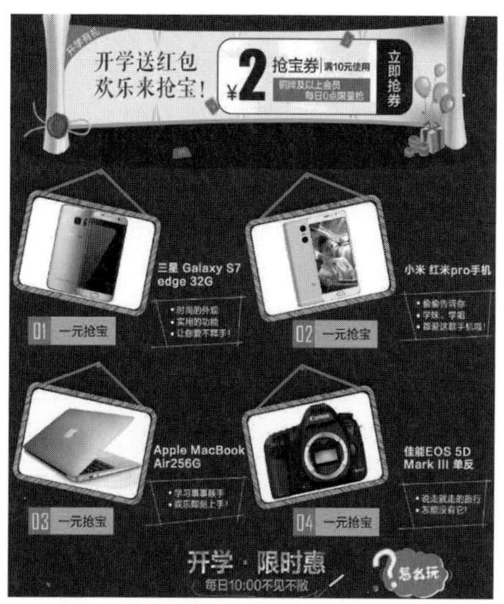

2016년 8월, 징둥닷컴에서 신학기 이벤트로 실시한 먀오사

BYD 사례와 같이 먀오사는 1위안 T셔츠, 100위안 휴대폰, 8위안 신발 등 도무지 소비자가 믿기 어려운 가격으로 단시간에 수많은 온라인 소비자를 유인할 수 있어 제품이나 서비스 마케팅 효과가 크다. 때문에 대형 온라인 쇼핑몰은 물론 온라인 게임 업체들까지 고객과 이용자를 확보하기 위해 먀오사를 활용하고 있다. 먀오사는 온라인에서 낮은 단가로 사람들의 이목을 단시간에 집중시킬 수 있는 유용한 마케팅 도구로 중국 전자상거래 시장의 성장과 함께 다양한 형태의 이벤트와 결합한 온라인 마케팅으로 발전하고 있다.

실전에 강한 중국 온라인 마케팅

1. 온라인 마케팅 성공 사례를 분석하라

웨이상으로 성장한 대표 기업인 광둥스부그룹

광둥스부그룹广东思埠集团은 웨이상으로 성장한 대표적인 기업이다. 2014년 3월에 설립되어 마스크 팩을 판매하며 성장한 광둥스부그룹은 창업 초기 100㎡ 남짓한 작은 사무실, 직원 3명으로 출발하여 약 1년 만에 직원 1만 명과 13층 높이의 사무실을 가진 회사로 성장하였다. 광둥스부그룹이 이처럼 성장할 수 있었던 것은 스부 창업자 우자오궈吳召国가 모바일 인터넷의 확산에 따라 등장한 새로운 전자 상거래 모델인 웨이상에서 기회를 포착해 자신에게 가장 익숙한 화장품으로 창업을 결심하고 웨이신을 기반으로 모바일 마케팅을 전개했기 때문이다. 광둥스부그룹은 중국 내 유명 기업으로 성장하였고, 중국 정부에 의해 '인터넷+웨이상 인큐베이터 기지' 시범 기업으로 선정되기도 하였다.

하얼빈 맥주 광고

　중국의 대표적인 맥주 중 하나인 하얼빈 맥주는 2010 FIFA월드컵 캠페인 홍보를 위해 하얼빈에서 마케팅 영상을 제작하여 유통하였다. 이 영상은 유쿠에서 100만 이상의 조회수, 투더우, 56.com, 6.cn, Ku6, Joy.cn 등의 사이트에서 30만 이상의 조회수를 기록했으며, 판매액이 전년 동기 대비 5.1% 증가하는 성과를 보였다.

중국 스마트폰 시장 1위를 차지하고 있는 샤오미

2010년 설립된 샤오미는 오프라인 판매 매장 없이 온라인 판매만을 통해 성공한 대표적인 기업이다. 2011년 9월 첫 판매 시 준비했던 30만 대의 스마트폰이 34시간 만에 매진되고, 2012년 11월에는 샤오미 1s모델 25만 대가 4분 5초만에 매진되는 등 샤오미 돌풍을 일으켰다. 샤오미 스마트폰이 불티나게 팔린 비결은 바로 온라인 판매+블로그 마케팅이다. 샤오미는 100% 사전 예약 방식으로 인터넷 상에서만 스마트폰을 판매해 재고를 최소화하고, 블로그 마케팅을 통해 판촉 비용을 절약하고 제품의 품질을 향상시켰다.

듀렉스 온라인 섹스박물관 포스터

　　듀렉스Durex는 세계에서 가장 큰 콘돔 제조사이다. 듀렉스는 2015년 중국에서 새로운 방식의 온라인 마케팅을 진행했는데, 바로 12명의 세계적인 아티스트가 참여하는 '온라인 섹스박물관'을 만든 것이다. QR코드를 통해 접근이 가능한 '온라인 섹스박물관'은 에로티시즘과 아트 간의 경험이 가능하도록 제작되었으며, 평범한 섹스가 아닌 친밀감을 강조하였다. 이 사이트는 런칭한 첫 날 백만 명이 다녀가는 폭발적인 반응을 일으키며 듀렉스 브랜드의 인지도를 다시 한번 높일 수 있는 계기를 만들었다.

헤이런 치약 런런왕 이벤트

1934년에 설립된 헤이런黑人 치약은 신제품인 터우신스솽透心爽 치약이 일반 치약보다 상쾌감이 크다는 것을 홍보하기 위해 런런왕과 연합으로 2011년 7월부터 두 달 간 '싱니다제주醒你大解救, 생활스트레스를 해소하자'라는 온라인 게임을 통해 홍보 이벤트를 개최하였다. 이 게임은 현대인들이 스트레스를 해소하기 위한 여러 방식을 게임으로 구성한 것이다. 제품의 친숙도를 높이기 위해 온라인 게임과 온라인 유행어를 결합시킨 결과, 헤이런 브랜드에 대한 인지도가 8%, 브랜드 선호도가 17%, 구매 의향이 34% 높아진 것으로 나타났다.

온라인 증강현실 기술을 도입해 마케팅을 진행한 패션 브랜드 이춘

중국의 유명 패션 브랜드 중 하나인 이춘以純은 네티즌이 온라인으로 옷을 구매했을 때, 입어볼 수 없다는 단점을 극복하기 위해 2011년 중국 최초로 가상으로 옷을 입어볼 수 있는 증강현실 기술을 도입하였다. 예를 들어 자신의 사진을 프로그램에 입력하고 해당 사진에 이춘의 상품을 입혀보는 것이 가능하도록 한 것이다. 이춘은 2011년 9월 16일 처음으로 증강현실 기술을 발표하고 블로그 및 런런왕 등에 온라인 홍보를 진행해 당일 조회수 70만 회를 기록하였다. 보름간 증강현실 서비스로 판매된 의류는 1만 장에 달하였다.

소형 영화 형태의 온라인 광고로 네티즌들의 호응을 얻은 '이다'

중국의 껌 브랜드인 '이다益达'는 2011년 당시 막 유행하기 시작한 마이크로 필름微电影 형식으로 광고를 만들어 브랜드 인지도를 높혔다. 마이크로 필름은 온라인에서 방영하기 위해 만들어진 20분 정도의 짧은 영화를 의미한다. '이다' 광고는 4편의 시리즈 광고가 한 편의 영화처럼 이어지도록 제작되었다. 삼각관계를 재미있게 풀어낸 '이다' 광고는 네티즌으로부터 큰 호응을 얻었다.

2. 전문가를 확보하고 장기전에 대비하라

중국은 국토 면적이 넓고 인구도 많다 보니 중국 전역의 소비자에게 소식이 전달되는 시간 또한 한국보다 오래 걸린다. 때문에 기업이 전개하는 온라인 마케팅 또한 금방 효과가 나타나지 않는 경우가 많다. 기업이 중국에서 온라인 마케팅을 전개한다면 결코 짧은 시간에 승부를 내려고 해서는 안 된다. 물론 상품이나 서비스가 높은 브랜드 인지도를 보유하고 있다면 또 다른 이야기겠지만, 브랜드 인지도가 높지 않은 상품이나 서비스를 가지고 중국사업을 추진하는 기업이라면 인내심을 가지고 온라인 마케팅을 추진하는 자세가 필요하다. 온라인 마케팅을 시작했는데 왜 반응이 나오지 않을까?라고 조바심을 내기보다는 올바른 방향으로 마케팅을 추진하고 있는가에 좀 더 초점을 맞추고 꾸준히 마케팅을 전개할 수 있는 전략 및 전술이 필요하다. 좋은 상품과 서비스를 가지고 꾸준히 온라인 마케팅을 진행한다면 조금 더디더라도 반드시 소비자의 호응이 있을 것이다.

그리고 중장기적으로 일관된 온라인 마케팅 전략을 전개하기 위해서는 중국 전문 마케팅 인력을 확보할 필요가 있다. 물론 중국 시장 진출이나 시장 확대를 위한 온라인 마케팅 계획은 한국에서도 수립할 수 있다. 그러나 세부 실행 계획까지 한국에서 모두 수립하는 것은 다소 무리가 있다. 큰 그림은 한국에서 그리더라도 세부적인 내용들은 중국 현지 상황을 고려하여 수정 보완하며 작성할 필요가 있다. 때문에 온라인 마케팅 계획을 수립하고 추진하는 데 있어서 중국 현지 사정을 잘 알고 있는 파트너와 일을 같이하는 것은 무척 중요하다.

현재 중국과 한국에는 중국 온라인 마케팅을 대행해 주는 온라인 마케팅 에이전시들이 있다. 이러한 에이전시를 통하면 온라인 마케팅에 대한 좀 더 전문적인 컨설팅을 받을 수 있으며, 이를 바탕으로 현장에서 바로 적용 가능한 전략을 수립할 수도 있다. 물론 한국

네이버에서 '중국 온라인 마케팅'을 검색한 결과

　　기업이 중국 에이전시와 직접 협력할 수도 있겠지만 초창기에는 언어적인 문제와 문화적인 차이로 마케팅을 중국 기업에 전적으로 맡기는 것이 쉽지 않다. 그러나 중국에 사업체가 있는 에이전시와 협력해야 현지 상황을 보다 빠르고 정확하게 파악할 수 있으며, 이를 현지 온라인 마케팅에 적용하는 데에도 유리하다.

3. 온라인소비자 빅데이터 분석을 활용하라

2016년 6월에 성공경제연구소 주최 세미나에 참석한
바이두 관계자들이 자사의 빅데이터 서비스를 소개하고 있는 모습

소비자를 파악하지 않고 온라인 마케팅을 실행하는 것은 어리석은 행위이다. 소비자가 어떤 소비 행태를 보이는지, 어떤 제품을 사고 싶어하는지, 지출은 얼마나 되는지, 어떤 경로로 상품을 인지하는지, 어떻게 자신을 드러내려고 하는지, 어떤 브랜드를 좋아하는지를 파악하는 것은 온라인 마케팅 전략을 수립하는 데 있어 가장 기본적인 내용이다. 특히 온라인 마케팅을 전개하기 위해서는 온라인 마케팅 주력 소비자들의 특징을 파악할 필요가 있다. 빅데이터를 비롯해 중국 소비자를 파악할 수 있는 자료들을 찾아 온라인 마케팅에 적용해 보자.

소비자 데이터는 온라인 마케팅의 힘이다. 때문에 중국에 진출한 기업들은 중국 소비자 데이터를 파악하기 위해서 시간과 비용을 투자한다. 소비자 데이터는 서적, 관련 사이트 또는 연구소 자료, 마케팅 기업 컨설팅 등 다양한 방법을 통해서 확보할 수 있다.

소비자 데이터를 확보하는 방법 중에는 중국 SNS와 타오바오, 바이두 등이 운영하는 소비자 데이터 분석 툴을 이용하는 방법도 있다. 예를 들어 중국 최대 검색엔진 바이두는 자사의 빅데이터 기반 종합 정보 매칭 서비스 '알라딘 프로젝트'를 시행하고 있다. '알라딘 프로젝트'는 단순한 웹 검색 정보 외에 시간과 위치 정보, 소비자 행동 성향 등까지 복합적으로 데이터를 분석해 주는 서비스다. 한국 기업들은 중국인을 겨냥한 제품 개발과 마케팅에 알라딘 플랫폼을 활용할 수 있다. 바이두 지도를 통해 위치 정보와 검색어 정보를 결합하면 타겟 마케팅이 가능하다. 예컨대 압구정을 찾은 중국인이 바이두에서 음식점을 검색한다면 위치 기반 푸쉬 알림 등을 통해 특정 매장으로 유도하거나, 할인쿠폰을 제공하는 등의 마케팅을 진행할 수 있다.

온라인 사이트에서 제공하는 데이터 분석 툴을 이용하여 소비자 데이터를 확보하는 것은 중국 온라인 마케팅을 효율적으로 추진할 수 있는 기반이 된다. 한 조사에 따르면 중국과 홍콩의 사업자 55%가 관계를 구축하고 고객 경험을 개별화하는 데 데이터분석을 사용한다고 한다. 중국에서 온라인 마케팅을 효과적으로 추진하려면 소비자의 데이터를 확보하고 분석하는 작업을 선행할 필요가 있다.

4. 거미줄 같은 링크를 만들어라

    중국 소비자는 온라인 검색을 통해 기업이나 상품의 신뢰도를 확인하는 경우가 많다. 때문에 홈페이지가 있는 기업과 없는 기업, 관련 기사가 검색되는 기업과 그렇지 않은 기업에 대해서 중국 소비자의 신뢰 수준은 다르다. 홈페이지가 있고 기업 명칭이 검색되는 것이 뭐가 그렇게 중요하냐고 이야기할 수도 있겠지만, 이처럼 작은 부분 하나하나가 온라인 마케팅 효과에 영향을 미칠 수 있다. 홈페이지와 인터넷 기사 등 기업을 확인할 수 있는 방법과 자료들이 구축된다면 중국 소비자에게 기업과 상품의 신뢰성을 설명하는 데 소요되는 온라인 마케팅 시간과 비용을 상당히 줄일 수 있다. 그것이 기사든 광고든 가능하다면 소비자들이 즐겨 찾는 온라인 사이트에 기업의 흔적을 남길 필요가 있다.

한국 홈페이지를 단지 중문으로 번역하였다고 해서 중국 소비자들이 찾아올까? 물론 일부 중국 소비자들은 방문할 수도 있다. 그러나 한국에 서버를 두고 단지 홈페이지를 중국어로 번역하였다고 해서 그 사이트에 중국 소비자들이 적극적으로 찾아오고 사이트가 활성화될 것으로 기대하기는 어렵다. 한국 사이트에 중국 소비자들이 좀 더 많이 찾아 오도록 하기 위해서는 중국에서 한국 사이트가 검색이 되도록 기사나 광고 등 다양한 방법으로 링크를 만들어야 한다. 링크를 확보하는 방법은 SNS에 포스팅을 하거나, 동영상 또는 미디어 전문 사이트에 콘텐츠를 올려서 링크를 거는 방법 등 다양하다. 한국의 사이트에 더 많은 중국 소비자들이 찾아오도록 만들고 싶다면 중국 온라인 사이트에 거미줄 같은 링크 페이지들을 확보해야 한다.

5. 사회적 이슈를 활용하라

온라인 마케팅에서는 이슈를 적절히 캐치하여 이용할 필요가 있다. 기업이 콘텐츠를 포스팅하면서 늘 스스로 이슈를 만들기는 어렵다. 따라서 사회적, 정치적 또는 관련 분야 이슈를 포스팅함으로써 사이트를 지속적으로 활성화할 수 있다. 2016년 중국에서 가장 이슈가 된 사건들은 남중국해 문제, 올림픽, 왕바오창 이혼, 월드컵 예선 등이다. 이러한 이슈를 포스팅함으로써 사이트에 대한 인지도를 높이고 팔로워를 확보하는 전략 수립이 가능하다. 이슈 발생은 곧 사이트를 더욱 활성화할 수 있는 기회다. 이슈에 대한 시기적절한 포스팅을 통해서 브랜드 인지도 및 선호도를 높여 보자.

걸그룹 미쓰에이의 멤버 페이의 남중국해 관련 웨이보 포스팅

6. 언론 발표회를 활용하라

온라인 마케팅을 논의하는 데 갑자기 웬 언론 발표회를 얘기할까?라고 생각할 수도 있을 것이다. 그러나 한국만 하더라도 온라인에서 수많은 기사들이 생산되고 다른 매체로 카피되는 것을 볼 수 있다. 중국에서도 언론 발표회가 온라인 마케팅의 중요한 수단이다. 언론 발표회에는 신문, 방송, 잡지 기자들뿐만 아니라 파워블로거, 왕홍들이 참석하는 경우가 많다. 때문에 언론 발표회를 준비하는 기업들은 단순히 보도자료를 뿌리는 형태의 기사 전달이 아니라, 다양한 이벤트를 함께 진행함으로써 참석한 기자나 파워블로거 그리고

한국 기업인 아리부바Aribuba의 중국 전시회 신문 발표회 온라인 매체 보도 화면

　왕훙들이 보다 다양하게 행사와 관련된 포스팅을 할 수 있도록 배려해야 한다. 언론 발표회 내용은 참석한 사람들에 의해 다양한 스타일로 작성되어 포스팅된다. 그리고 이들이 올리는 포스팅은 문자로, 때로는 사진으로 그리고 때로는 동영상으로 온라인을 통해 빠른 속도로 수많은 소비자들에게 전달된다. 오프라인 기획이 온라인 마케팅으로 실현되는 것이다.

7. 온라인 체험 마케팅을 활용하라

체험만큼 제품에 대한 확신을 주는 방법은 없다. 품질에 자신이 있는 기업이라면 고객을 참여시키는 온라인 마케팅 방법을 고민해 보는 것도 좋다. 한국 화장품이 중국에서 유명해진 데에는 한류의 역할이 크다. 그러나 체험에 따른 입소문 마케팅 효과도 크게 한 몫을 했다. 중국에서는 한국 화장품 마케팅이 활발히 이루어졌는데, 그것이 바로 화장품 샘플을 통한 체험 마케팅이다. 한국에서는 정품을 사면 덤으로 주는 샘플이지만, 중국에서는 타오바오에서 유료로 거래가 이루어졌다. 무료 또는 싼 가격에 팔린 샘플을 통해 중국 소비자들은 보다 손쉽게 한국 화장품을 체험 할 수 있었고, 소비자의 체험이 바이럴 마케팅으로 확산되면서 한국 화장품에 대한 인기가 높아졌다. 체험 마케팅을 오프라인에서 모든 고객에게 적용할 수는 없다. 중국에서 마케팅을 진행한다면 보다 많은 소비자들이 상품이나 서비스를 직간접적으로 체험할 수 있는 온라인 마케팅 전략을 수립하고 실행하는 것을 추천한다.

온라인 체험 마케팅을 강화하기 위해서는 동종업계와 협력할 필요가 있다. 중국 진출을 시도하는 기업에게는 같은 물건을 파는 기업도 협력사가 될 수 있다. 예를 들어 화장품 한 가지를 파는 쇼핑 사이트보다는 여러 개의 화장품 브랜드를 취급하는 곳에 좀 더 많은 이들이 찾아올 확률이 높다. 때문에 자신의 화장품을 팔아 줄 수 있는 다른 사이트를 찾아 협력하고, 자신의 사이트에서 다른 화장품을 함께 팔아 주는 협력 모델을 구축하는 것은 브랜드의 인지도를 높이는 데 긍정적 역할을 할 수 있다. 몇 개의 화장품 브랜드

진디에金蝶 ERP 온라인체험플랫폼 체험 초기 화면

업체들이 함께 화장품 판매 사이트를 만드는 것도 방법이다. 나 혼자 다 할 수 있다는 생각을 버리고 함께 성장할 수 있는 동반 협력 모델을 찾을 때 보다 적은 비용으로 높은 온라인 마케팅 효과를 거둘 수 있다.

뭔가 특별한 중국 온라인 마케팅

1. 지역에 딱 맞춘 온라인 마케팅을 실시하라

山东 生活

新闻 (23)	山东电视台	齐鲁网	齐鲁晚报	青岛新闻网	大众网
	鲁网	胶东在线	齐鲁热线	舜网	威海新闻网
	济宁新闻网	日照新闻网	德州新闻网	聊城新闻网	烟台水母网
	菏泽信息港	半岛网	威海信息港	中华泰山网	淄博信息港
	临沂信息港	临沂在线	中国山东网		
交通 (9)	山东交管局	山东交通出行网	山东航空	济南地图	济南交警信息网
	济南长途汽车总站	济南公交	青岛地图	烟台交警网	
论坛 (18)	山东贴吧	泰安论坛	青青岛社区	大众论坛	烟台论坛
	日照大众论坛	济南贴吧	青岛贴吧	滨州论坛	鲁南论坛
	山东001	舜网论坛	菏泽牡丹茶座	爱威海社区	寿光开心论坛
	山东热门贴吧	莱芜论坛	济宁声远论坛		
生活 (13)	山东移动	山东联通	山东电信	山东旅游网	社保查询
	青岛旅游网	青岛港物流信息网	搜房青岛	搜房济南	泰安旅游
	烟台房产网	机票查询	火车票预定		
教育 (10)	山东教育厅	山东招考院	山东人事考试网	毕业生就业信息网	山东大学
	山东理工大学	青岛大学	齐鲁人才网	中国海洋大学	更多>>

중국 산둥 지역에 특화된 신문, 교통, 논단, 생활, 교육 관련
온라인 사이트 리스트

온라인 마케팅은 광범위한 지역을 커버할 수 있는 특징이 있다. 그러나 능력 없이 전국적인 범위를 대상으로 온라인 마케팅을 진행하는 것은 오히려 역효과를 불러일으킬 수 있다. 예를 들어 베이징에 기반한 농산물 기업이 신선도를 유지하면서 전국적으로 농산물

을 배송할 수 있는 네트워크를 확보하지 못한 상태에서 전국적인 온라인 마케팅을 전개한다면 배달이 불가능한 타 지역 소비자로부터 불평과 비난을 감수해야 한다.

지역 마케팅이라고 단순히 좁은 지역을 대상으로 온라인 마케팅을 진행하라는 것이 아니다. 전국적인 범위를 커버하기 어렵다면 특정한 지역 소비자를 분석하여 지역 시장을 확보하라는 것이다. 단순히 상품이나 제품을 지역에 맞게 바꾸는 것이 아니라 지역 소비자가 선호하고, 지역에 특성화되어 있는 온라인 매체를 활용하여 지역 소비자의 니즈를 적극적으로 반영하는 온라인 마케팅을 실행해야 한다.

2. 중국에서 통하는 문화코드를 활용하라

중국 문화코드 중 하나인 '체면'을 묘사한 그림

각 나라마다 문화코드는 제각각이다. 같은 문화코드라도 지역마다 커뮤니케이션 방법이 다를 수 있다. 중국에서 소비자들과 커뮤니케이션을 하려면 중국의 문화코드를 파악하고 이를 잘 활용할 필요가 있다. 중국의 문화코드를 바르게 읽어 내지 못 하고 커뮤니케이션을 한다면 이문화에 대한 이질감으로 소비자에게 거부감을 주고 결국 외면당할 소지가 크다. 중화사상, 관시关系, 체면, 금기 숫자 및 색상, 가족과 국가관, 그리고 외래문화 수용방식까지 중국인의 삶 속에 숨겨져 있는 독특한 문화코드를 이해하고, 이를 커뮤니케이션에 적용할 수 있을 때 중국 시장에 적합한 온라인 마케팅 전략을 수립할 수 있다.

3. 한국 문화상품과의 시너지를 확보하라

중국 사업은 중국인하고 하는 것이고 중국의 문화 속에서 이루어지는 것이다. 때문에 중국 사업을 추진하기 위해서는 한·중 간의 문화 차이를 이해하고 인정함으로써 문화 차이로 인한 오해를 최소화 하려는 노력이 선행되어야 한다. 그러나 더 전략적인 접근이 필요한 부분은 한·중 간의 문화 차이를 온라인 마케팅 전략 수립에 반영하는 것이다. 중국에서는 한국 상품이라는 타이틀만으로도 상품이 팔리기도 한다. 그리고 때로는 정치적, 사회적 이슈로 인해 한국 상품이 소비자로부터 외면받기도 한다. 온라인 마케팅을 할 때 현지에 적합한 전략을 추진하는 것은 기본이다. 그 기본에 차별화를 두어 경쟁력 있는 온라인 마케팅으로 발전시키는 방법 중에 하나가 바로

중국에 방영되어 선풍적인 인기를 끈 〈태양의 후예〉를
제작 지원한 조마루 감자탕

한국적인 문화와 특징이 반영된 온라인 마케팅을 시도하는 것이다. 브랜드의 포지셔닝을 위해서 온라인 마케팅에도 차별화가 필요하다. 한·중 간의 문화 차이를 온라인 마케팅의 차별화 요소로 활용해 한국적인 문화를 반영하여 차별화하는 방법 중에 자주 사용되는 방법이 온라인 문화상품을 활용하는 것이다. 중국 드라마나 영화 등 방송 프로그램에서는 PPL 규제가 한국보다 덜하다. 따라서 수많은 한국 방송이 중국 온라인 플랫폼에서 방송되면서 중국 소비자들이 자연스럽게 한국 제품을 접하는 경우가 많다. 〈별에서 온 그대〉에서 나온 치맥을 비롯해 드라마에 나온 립스틱에서 패션에 이르기까지 다양한 제품이나 서비스들이 문화상품을 통해 중국에 소개되었다.

문화상품에 등장하는 제품들은 자연스럽게 중국 소비자들에게 다가간다. 최근 중국에는 TV가 아닌 인터넷에서만 방영되는 작품들도 많이 제작되고 있다. 이것을 웹드라마网络剧, 마이크로 필름微电影 등으로 부르는데 이러한 문화상품 속에 상품이나 서비스를 녹여내는 인터넷 마케팅이 활발히 진행되고 있다.

최근 기업들은 자신의 브랜드를 문화상품 배경으로 만드는 등 단순 광고와 다른 형태로 소비자에게 다가가고 있다. 중국에 진출하려는 기업들이 문화상품을 통한 온라인 마케팅에 관심을 가지면서 다양한 형태의 PPL이나 문화상품이 등장하고 있다. 문화상품 속 제품은 온라인 광고와는 달리 소비자에게 보다 거부감 없이 전달될 수도 있고, 작품 속 긍정적 이미지를 통해 소비자의 구매 반응을 이끌어낼 수도 있다. 한국적 특성이 장점으로 반영될 수 있고, 중국 온라인 매체에서 인기도 있는 문화상품을 찾아서 마케팅에 접목해 보자.

4. 새로운 온라인 마케팅 기법을 연구하라

온라인 마케팅 기법은 날로 발전하고 있다. 최근에는 사후 PPL 기법이 인기를 끌고 있다. 사후 PPL은 이미 방송에 나간 영상물에 컴퓨터 그래픽을 통해서 제품이나 서비스 PPL을 추가하는 방법이다. 예를 들어 드라마를 촬영하던 당시 '갤럭시7'이 PPL 제품이었는데, 드라마를 방영할 시에 '갤럭시8'이 새로 나왔다면 방송 시점에 '갤럭시7'을 '갤럭시8'으로 변경할 수 있다. 또한 한국 드라마가 중국에서 방영되는 경우, 중국에 진출하려는 기업의 제품을 새롭게 영상에 삽입하여 자연스럽게 PPL 효과를 낼 수도 있다.

VR 콘텐츠도 중국 소비자에게 환영받고 있다. 때문에 중국 동영상 업체를 비롯한 수많은 콘텐츠 제공 업체들이 VR 콘텐츠 제작

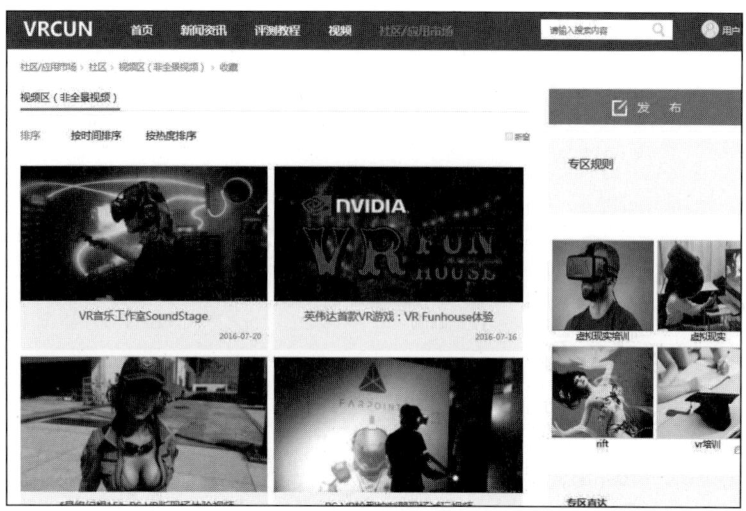

VR 전문사이트 VRCUN_{VR村} 어플리케이션 시장 초기 화면

과 확보에 힘을 쏟고 있다. 그러나 아직까지는 질 높은 VR 콘텐츠가 많지 않기 때문에 VR로 만들어진 콘텐츠는 다른 일반 콘텐츠에 비해 젊은 소비층에게 어필할 기회가 많다. 중국 시장에서 경쟁하는 기업이라면 VR 콘텐츠로 소비자의 주의를 끌 수 있는 마케팅을 전개해 보는 것도 중국 젊은 소비층을 겨냥하는 방법이 될 수 있다.

이미 중국에서는 이메일을 통한 뉴스레터 마케팅 등 전통적인 온라인 마케팅 방법들이 점점 자취를 감추고 있다. 'Webpower China in 2014'에 따르면 중국에서 뉴스레터 마케팅을 진행한 결과, 단지 6.8%의 이메일만이 오픈되며 CTR_{click-through rate, 클릭률}은 1% 밖에 안 된다고 한다. 이 수치는 한국이나 서양보다도 훨씬 낮은 수치다. 즉 전통적인 온라인 마케팅 방법들이 자리를 잃고 있는 것이다. 이메일로 진행되던 뉴스레터 마케팅은 웨이신이나 웨이보 등 중국에서 급속히 성장하고 있는 SNS를 통한 뉴스레터로 빠르게 변모하고 있다.

ICT와 컴퓨터 그래픽이 발전하면서 온라인 마케팅에 활용되는 광고 매체나 기법들이 다양해지고 있다. 이러한 기술적 흐름을 잘 파악한다면 좀 더 저렴한 비용으로 온라인 마케팅 효과를 거둘 수 있다. 웨이신이나 웨이보 등 중국의 SNS 또한 기업이나 개인이 좀 더 효율적으로 온라인 마케팅을 할 수 있도록 다양한 기능들을 개발해 적용하고 있으니, 이러한 기능들이 어떻게 마케팅에 활용될 수 있는지에 대한 지속적인 연구와 발 빠른 적용이 필요하다.

5. 온라인 트렌드세터가 돼라

한국에서 아재개그가 유행이다. 옛날 개그라고 하지만 이 또한 유행의 한 흐름이다. 유행은 사람들의 관심거리이고 이러한 대중의 호기심을 활용하는 것이 바로 온라인 마케팅의 중요한 전략이다. 중국은 급성장하는 경제만큼이나 급격한 소비 변화를 보여준다. 유행의 흐름 또한 빠르다. 때문에 중국 소비시장의 변화 흐름을 제대로 읽어내지 못하면 경쟁력 있는 온라인 마케팅을 전개하기 어렵다.

경쟁자보다 트렌드를 먼저 읽고 한 발 앞서가지 못하면 중국에서 새롭게 부상하는 신소비시장을 놓칠 수 있다. 중국의 경제, 사회 및 문화 그리고 기술적 흐름 등을 전반적으로 고려하여 중국 시장의 트렌드를 예측하고 온라인 마케팅 전략을 수립해야 한다. 온라인 마케팅은 트렌드에 맞아떨어지거나 시장에서 선도적인 역할을 할 때 더욱 큰 힘을 발휘한다.

중국 SNS 웨이보에 올라온 'A4 Challenge'

소셜 네트워크는 때로는 새로운 트렌드를 주도하는 플랫폼 역할을 한다. 2016년에 중국 웨이보에서 'A4 Challenge a4腰挑战' 바람이 불어 눈길을 끌었다. 'A4 Challenge'는 가로 21cm에 불과한 A4용지로 허리를 가리는 대결로, 당시 수많은 인증샷이 SNS를 통해 빠르게 퍼져나갔다. 이에 사회적으로 여성의 몸매를 일반화한다는 비판도 있었지만 많은 여성들이 'A4 Challenge'에 동참하며 SNS 유행을 이끌었다.

만약 'A4 Challenge'에서 A4 대신 기업의 제품을 사용했다면 어떠했을까? 아마도 해당 기업의 제품 인지도는 급상승했을 것이다. 앞으로도 'A4 Challenge'와 같이 온라인 트렌드를 셋팅하기 위한 많은 시도들이 진행될 것이다. 그렇다면 과연 온라인 마케팅을 시도하는 기업이 스스로의 제품이나 서비스와 관련해 제시할 수 있는 매력적인 트렌드는 무엇일까? 후발 주자로써 중국 시장에서 온라인 마케팅을 전개해야 한다면 기존 트렌드를 무조건 따라가기 보다는 트렌드를 앞서는 과감한 온라인 마케팅 전략을 구사해 보자.

6. 팔로워 사고 팔기를 할까? 말까?

新浪粉丝价格表

普通粉 : 99元 /10000 (暂缺货)
大部分有头像，自带粉丝博文

高级粉 99元/5000粉 (高质量推荐 ! 高性价比推荐 ! 强烈推荐 !)
有头像，博文大多过百，自带粉丝几十，不定时活跃更新微博

鼎级粉 (达人粉20%) 99元/2千 (高质量推荐 ! 适合超高质量要求粉丝增粉)
鼎级粉 (达人粉50%) 99元/千 (超高质量推荐 ! 适合超高质量要求粉丝增粉)
有头像，博文大多过百，自带粉丝几十到几百，20-50%达人粉丝更高大上，不定时活跃更新微博。
地区粉 99元/千 (精准粉丝推荐 ! 适合精准地区要求增粉)
每天维护，不掉粉不屏蔽，可以选择指定精准到省市.

橙V互粉 20元/2个 个人橙V认证必备条件
蓝V互粉 20元/2个 企业蓝V认证必备条件
郑重声明：我们的所有真人粉丝都长久关注，永不掉粉！！！

인터넷에 게재된 웨이보 팔로워 가격 소개

　　온라인 마케팅에서 팔로워를 확보하는 데는 시간이 필요하다. 물론 사회적으로 관심이 높고 브랜드 파워가 큰 개인이나 기업이라면 단기간에 팔로워를 확보할 수도 있겠지만 그렇지 않은 경우 팔로워를 확보하는 데 상당한 시간이 필요하다.

팔로워가 적은 계정은 왠지 활성화되지 않고 가치가 없는 것으로 느껴져서 사람들의 관심을 받지 못한다. 때문에 중국에서는 웨이보나 웨이신 그리고 기타 SNS 계정 팔로워를 사고파는 경우가 있다. '만 명의 웨이보 회원을 확보해 주는 데 99위안'과 같은 회원 사고팔기가 실제로 온라인에서 진행되고 있다. 이러한 회원 사고팔기는 웨이보나 웨이신 등 SNS 팔로워 수를 허수로 인식하는 분위기를 조장한다. 그러나 초기에 허수 계정으로 생성되더라도 질 높은 콘텐츠가 사이트에서 생산된다면 허수 계정이 활성화되어 좀 더 빠른 기간에 많은 팔로워를 확보할 수도 있다.

7. 오프라인 고객을 온라인 고객으로 전환하라

가게의 웨이신 QR코드를 스캔하고 있는 고객 모습

오프라인 고객을 온라인 고객으로 전환하는 것은 온라인 마케팅에서 아주 중요한 작업이다. 중국에서는 오프라인 고객을 온라인 고객으로 전환하고 이들에게 지속적으로 마케팅을 전개하기 위한 방법들이 다양하게 시도되고 있다. 그 중에서 가장 많이 활용되고 있는 방법이 바로 QR코드를 활용한 방법이다. 예를 들어 식당에서 손님이 계산을 하는데 QR코드를 통해 결제를 하면 음식값을 할인해주는 행사를 진행하는 경우가 많다. 이런 경우 손님이 식당의 QR코드를 스캔하면 자연스럽게 식당의 SNS 회원으로 등록되어 온라인 고객이 되는 것이다. 가끔 지하철이나 공공장소에서는 QR코드를 프린트해서 지나가는 사람들에게 스캔을 해달라고 하는 경우가 있는데, 이 또한 특정 기업이나 서비스의 SNS 계정에 등록을 요청하는 것이다. 오프라인 고객을 확보하고 있다면 온라인 고객으로 전환시키는 작업을 우선적으로 진행해야 한다.

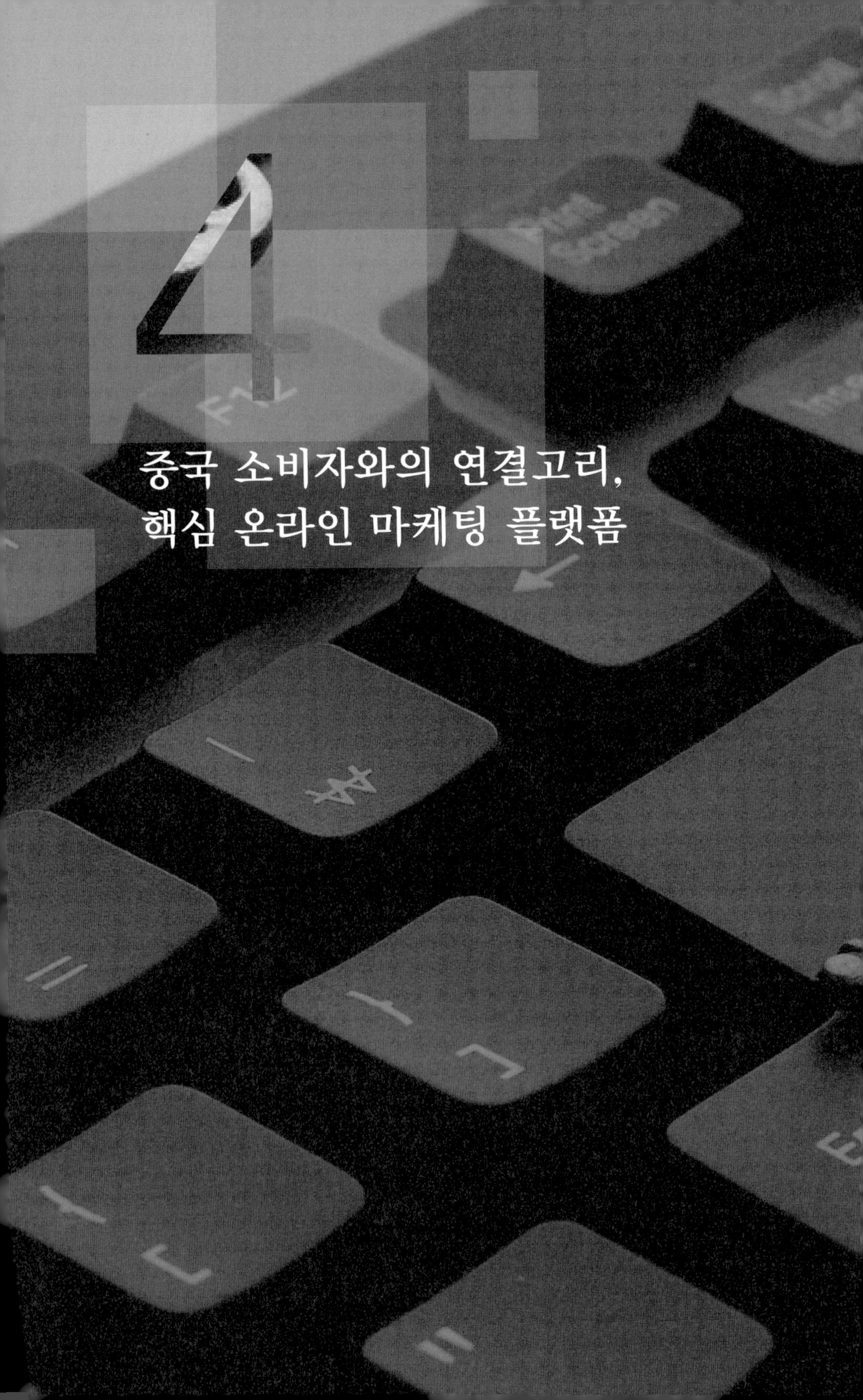

4
중국 소비자와의 연결고리,
핵심 온라인 마케팅 플랫폼

차이나
온라인
마케팅

중국 최대의 검색엔진, 바이두(百度) 마케팅

1. 중국 검색엔진 시장

검색엔진 서비스는 각 사이트에서 정보를 수집하여 데이터베이스화한 후 이용자가 요구하는 정보를 제공해 주는 서비스다. 중국 시장 조사 전문기관인 이관즈쿠에서 발표한 〈중국 검색엔진 시장 분기 감측 보고 2016년 제1분기 中国搜索引擎市场季度监测报告2016年第1季度〉에 따르면 중국 검색엔진 서비스 시장의 규모는 2015년 770억 위안에 달했으며, 2014년 대비 34.7% 성장하였다.

2009~2015 중국 검색엔진운영상시장 규모

구분	2009	2010	2011	2012	2013	2014	2015
시장규모 (억 위안)	71.4	112.1	187.4	287.9	393.6	571.4	770.0
성장률(%)	38.6	57.0	67.2	53.6	36.7	45.2	34.7

출처: 이관즈쿠

중국 검색엔진서비스사업자는 바이두, 써우거우, 구글 차이나, 써우써우搜搜 등이 있다. 이 중에서 2016년 1분기 중국 검색 시장의 수입을 기준으로 볼 때(해외시장 수입과 채널 수입 미포함) 바이두가 전체 중국 검색 시장 수입 규모에서 84.12%를 차지하며 선두 자리를 굳건히 지키고 있고, 이어서 써우거가 6.95%, 구글 차이나가 4.99%, 기타 3.94% 순으로 나타났다.

바이두는 2000년에 설립되어 2005년 미국 나스닥에 상장한 중국 검색엔진 서비스의 대표주자다. 써우써우는 텅쉰이 제공하는 검색엔진으로 웨이신, QQ 등의 서비스와 연계하며 서비스 점유율을 끌어올리고 있다. 써우거우는 써우후가 제공하는 검색엔진으로 써우후 사이트 이용자, 보커博客 등의 서비스 이용자들이 주로 사용한다. 유다오有道는 왕이가 제공하는 검색엔진으로 왕이닷컴 이용자들이 주로 사용한다. 360종합써우써우360综合搜索는 360이 제공하는 검색엔진으로, 360서비스 이용자들이 주로 사용한다. 지커即刻는 중국 인민일보사가 제공하는 검색엔진으로 인민일보사의 신뢰도와 신문기사의 빠른 검색을 강점으로 이용자를 확보하고 있다. 중써우中搜는 중국 검색엔진의 선발주자였지만 현재는 바이두나 기타 포털 사이트가 제공하는 검색엔진에 밀려 점유율이 점차 낮아지고 있다. 그러나 전자제품 탐색 방면에서는 아직도 강점이 있는 검색엔진 서비스로 평가받고 있다. 야후중국은 중국에서 낮은 점유율을 보이다가 2013년 중국 유저의 메일 서비스를 중단한 데 이어 2015년 중국 연구센터를 철폐하면서 사실상 중국에서 철수하였다. 마이크로소프트가 제공하는 검색엔진인 빙Bing도 중국에서 서비스를 제공하고 있지만 이용자 확보에 어려움을 겪고 있다. 세계 최대 검색엔진인 구글은 중국 검색엔진 시장에서도 상위권을 차지해 왔지만 2014년 중국 정부가 구글 검색엔진 서비스를 차단시키면서 현재는 중국에서 서비스를 제공하지 못하고 있다.

중국 최대 포털 사이트 바이두 초기 화면

2. 바이두 SEO & SEM

중국의 인터넷 이용자들에게 인터넷 검색은 생활의 일부가 되었다. 7억 명이 넘는 인터넷 이용자들이 한 달 평균 26시간 이상을 인터넷에 접속하며 수시로 인터넷에서 정보를 검색한다. 검색엔진 마케팅은 인터넷 검색 이용자들을 대상으로 한 마케팅이라고 할 수 있다.

기업은 브랜드 홍보나 상품 판매를 위해서 인터넷 이용자가 인터넷 검색을 할 때 기업의 관련 사이트에 최대한 많이 접속하도록 만들고 싶어한다. 이를 위해서는 검색 결과에서 기업의 브랜드나 상품과 관련된 사이트가 상위 노출되도록 해야 한다. 검색엔진에서 기업의 브랜드나 상품 관련 사이트가 상위에 노출되도록 하는 방법에는 크게 두 가지가 있다. 하나는 키워드 광고이고 다른 하나는 검색 엔진 최적화다.

키워드 광고는 검색 엔진에서 특정한 키워드를 검색할 때 광고주의 사이트가 최상단에 노출될 수 있도록 하는 서비스다. 광고라는 인식이 강한 기존의 배너 광고에 비해 클릭율이 높고 저렴한 비용으로 광고를 집행할 수 있다는 장점이 있다. 그러나 특정 검색어에 대한 검색 결과만 노출이 된다는 단점도 존재한다. 반면 SEO는 광고에 의한 검색 결과 순위가 아닌 순수 검색 결과에 포커스하여 검색 엔진 이용자가 관련 정보를 검색할 때 타겟 사이트가 상위 노출이 가능하도록 검색엔진에 최적화 하는 작업이다. SEO가 적용된 사이트는 다양한 키워드로 유입이 가능하기 때문에 키워드 광고에만 의존하는 것보다 훨씬 효율적으로 SEM을 적용할 수 있다.

SEM을 추진하기 위한 첫걸음은 검색엔진의 특성을 파악하는 것이다. 한국의 네이버처럼 각 나라마다 대표적인 검색엔진이 있는데 중국에서는 바이두가 최대 검색엔진이다. SEM을 실행하기 전에 실행 국가에서 사용되는 검색엔진을 파악해야 하는 이유는 각 검색엔진마다 검색 정책과 성능 등이 다르기 때문이다. 검색 로봇을 이용하여 웹문서를 찾아주는 것은 비슷할 수 있지만 찾은 웹문서의 중요도와 우선순위를 부여하는 기준과 방법이 검색엔진마다 다를 수 있다. 때문에 중국에서 SEM을 실행하기 위해서는 중국 검색엔진에 적합한 SEO 전략을 수립하여 실행하는 것이 필요하다. SEO 전략을 수립한다는 것은 실행하는 국가의 검색엔진에 적합하도록 사이트 분석, 키워드 분석, 로그 분석 등을 통해 중요 페이지 타이틀 최적화, 메타 태그 최적화, 홈페이지 코딩 최적화, 로봇 텍스트 파일 최적화, 이미지 최적화 등을 진행한다는 것이다.

SEM는 중국 온라인 마케팅의 기본이다. 중국 소비자들은 원하는 기업이나 브랜드 또는 상품을 찾을 때 검색엔진을 이용한다. 때문에 SEM을 잘 활용한다면 중국의 인터넷 이용자들에게 보다 효과적으로 기업의 브랜드나 상품을 알릴 수 있다.

바이두에서는 매일 약 100억 건의 검색이 실행된다. 바이두는 인터넷 이용자 영향지수, 검색엔진 시장 점유율, 검색엔진 매출점유율에서 모두 70%가 넘는 점유율을 보이며 독보적으로 중국 검색엔진 1위 자리를 지키고 있기 때문에 바이두 검색창에서 상위 노출을 만든다는 것은 중국 SEM에서 핵심이라고 할 수 있다. 바이두의 외관은 구글과 비슷하다. 또한 검색콘텐츠의 검색 결과 노출 알고리즘도 구글과 유사하다. 차이점은 바이두의 검색 결과는 중국 콘텐츠와 사이트를 우선순위로 노출한다는 것이다. 때문에 같은 단어를 검색해도 구글과 바이두는 검색 결과가 전혀 다르게 노출된다. 유튜브 보다는 유쿠, 페이스북 보다는 웨이보 같은 중국 사이트를 통해서 활동을 하는 것이 바이두 검색 결과에 더 많이 노출될 수 있는 이유가 바로 중국 콘텐츠를 우선 노출하는 검색 시스템 때문이다.

그럼 바이두의 SEM 광고 노출 형태를 간략히 살펴보자. 바이두에서 '韩国餐厅한국 음식점'을 검색할 경우 아래와 같은 화면이 뜬다. 화면 상단과 오른쪽 하단에 확장 연결推广链接이라고 쓰인 곳에 있는 사이트가 바로 키워드 광고다. 바이두 검색에서 키워드 광고에 위치한 사이트는 페이지를 넘기더라도 계속해서 페이지에 나타난다. 반면 검색 결과 아래 부분에 위치한 내용들은 SEO에 의한 결과로 나타난 사이트이다. 적절한 키워드를 통해 SEO 작업을 한

바이두 '한국 음식점' 검색 결과

다면 한국에 위치한 음식점도 바이두 검색 결과에 노출시켜 중국 관광객들이 찾는 명소가 될 수도 있다.

바이두를 통한 SEM은 키워드 광고와 SEO가 주를 이루고 있지만 음악, 영화, 신문 등 다양한 페이지에 배너 광고도 가능하다. 키워드 광고와 배너 광고는 클릭당 비용을 지불하는 CPC Cost Per Click와 일정 금액에 배너 광고를 노출하는 방법이 있다. 바이두 검색 광고는 광고 사이트에 대한 기본 정보를 제출하여 계정을 신청하고 사업자등록증이나 통신판매업 신고증과 같은 증빙서류를 제출한 후, 광고비에 해당하는 금액을 계정에 충전하고 검색 키워드를 셋팅하면 바이두에서 사업자가 제출한 서류의 적합성 등을 검토한 후 광고를 게재한다.

3. 바이두 계정 개설

바이두 계정을 개설하면 바이두에서 제공하는 검색 이외에 바이커, 통계 서비스 등 바이두에서 제공하는 다양한 서비스 플랫폼을 이용할 수 있다. 바이두 계정 개설은 비교적 간단하다. 우선 인터넷 검색창에 바이두 사이트 주소인 'www.baidu.com'을 입력하고 바이두 초기 화면으로 이동한다.

바이두 계정 등록

첫 화면에서 '즉시 등록立即注册'을 클릭하여 계정 개설 화면으로 이동한다. 휴대폰 번호와 비밀번호를 입력한 후 휴대폰으로 전달되는 검증 번호를 입력하고 '등록注册'을 클릭하면 계정 개설이 완료된다.

바이두 계정 등록을 위한 비밀번호 설정

계정 개설이 완료되면 바이두 첫 화면 메뉴에서 '스킨 바꾸기换肤'를 통해 풍경, 스타 사진 등 다양한 주제의 스킨을 선택하여 메뉴 화면을 바꿀 수 있고 가입자가 자신만의 스킨을 제작하여 설정할 수도 있다.

바이두 스킨 바꾸기

스킨 설정이 완료되면 '개인 중심个人中心' 페이지에서 개인 사진 및 정보 등을 수정할 수 있으며, '안전 중심安全中心' 페이지에서 비밀번호를 수정하거나 계정 보호를 위한 조건 등을 수정 및 보완할 수 있다.

4. 바이두 서비스 활용

바이두는 네이버와 같이 검색 서비스뿐만 아니라 뉴스, 지도, 클라우드 서비스, 지식 검색, 동영상, 문서 서비스 등 바이두 이용자가 사이트에 오래 머무르며 즐길 수 있도록 120여 가지의 다양한 서비스를 제공한다.

바이두에서 제공하는 주요 서비스 플랫폼

서비스명	내용
신원(新闻)	뉴스 서비스
톄바(贴吧)	여러가지 키워드의 포럼이 존재하는 게시판 서비스
바이커(百科)	백과사전 서비스
디투(地图)	지도 서비스
Hao 123	인터넷 네비게이션 서비스
즈다오(知道)	Q&A 서비스
인웨(音乐)	음악 감상 서비스
스핀(视频)	영상 시청 서비스
원쿠(文库)	문서 및 보고서 제공 서비스
투펜(图片)	사진 제공 서비스
윈(云)	클라우드 서비스
펑윈방(风云榜)	순위 제공 서비스

5. 바이두 바이커(百科)

바이두 바이커 '한류' 검색 결과

　　바이커는 바이두가 2008년 정식 개시한 서비스로 이용자들이 참여하여 만드는 위키백과와 같은 백과사전 서비스다. 바이커에 수록되는 내용은 개요, 목차, 내용, 참고자료, 분류, 관련어, 보충 참조 등으로, 이용자들에게 관련 자료들이 통일성 있게 보여지도록 구성되어 있다. 바이커는 검색어를 등록할 수 있는 자격은 등급제에 의해 검증된 사람에 한해서 부여하고 있으며, 이를 통해 무분별하게 정보가 등록되는 것을 방지하고 있다. 등재된 내용을 수정하는 것도 등급제로 제한을 두고 있다. 바이커를 이용하면 기업의 브랜드나 상품과 관련된 좀 더 자세한 정보를 검색 서비스 이용자들에게 전달할 수 있다.

6. 바이두 즈수(指数)

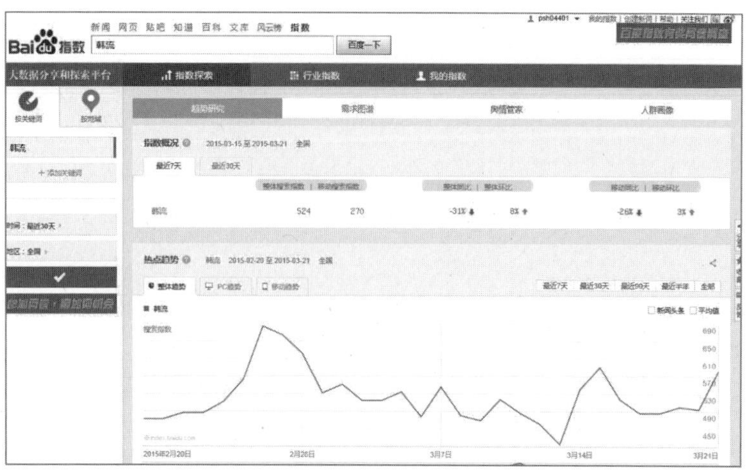

바이두 한류 바이두 즈수

바이두 즈수는 검색어에 대한 관심도를 의미한다. 바이두 즈수를 이용하면 주요 검색어에 대해서 얼마나 많은 사람들이 검색을 시도하였는지 알 수 있다. 기간별, 지역별, 나이별, 성별 등으로 관심도를 알 수 있기 때문에 SEM을 진행하고자 하는 기업들에게는 중요한 정보를 제공해 주는 유용한 서비스다. 바이두 즈수는 바이두 계정이 있어야 이용할 수 있다.

7. 바이두 즈다오(知道)

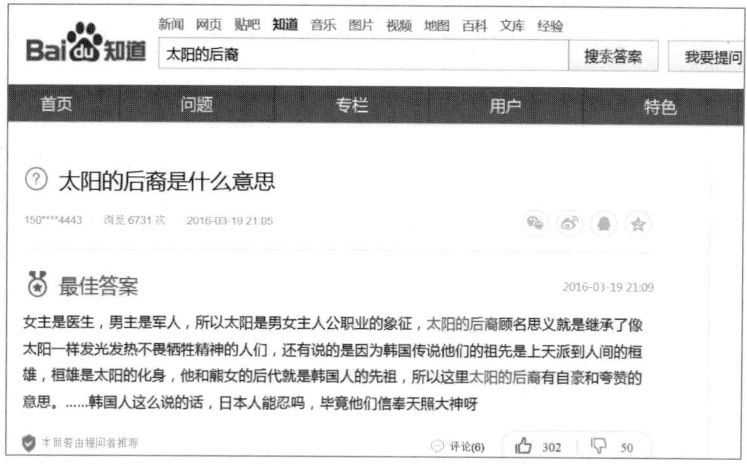

〈태양의 후예〉에 관한 바이두 즈다오 Q&A

바이두 즈다오는 네이버의 지식인 서비스와 같은 Q&A 서비스다. 검색 서비스 이용자가 검색에서 발견되지 않았거나 부족한 부분에 대해 지식을 교류하는 서비스로, 풍부한 지식 데이터베이스를 확보하고 있다. 바이두 즈다오를 이용하여 Q&A에 참여하기 위해서는 바이두 계정을 보유하고 있어야 한다.

8. 바이두 징옌(经验)

바이두 징옌 프레젠테이션 자료 입력 화면

바이두에서는 자신의 경험을 교류할 수 있는 서비스가 있다. 프레젠테이션 형식으로 사진과 글을 이용해서 자신의 노하우를 교류하는 서비스인 징옌은 많은 바이두 검색 서비스 이용자들에게 환영받고 있다. 바이두 징옌을 사용하는 방법을 잘 모른다면 바이두 검색창에 바이두 징옌 사용법을 입력하고 검색하면 된다. 그러면 바이두 사용자들이 프레젠테이션 형식으로 만든 바이두 징옌 사용법 리스트들이 나온다.

9. 바이두 즈다하오(直达号)

바이두 원스톱 서비스 즈다하오

바이두 즈다하오는 바이두 모바일에서 검색을 하면 이용자와 서비스를 바로 연결해 주는 서비스다. 이용자가 검색창에 '@검색어'를 입력하면 검색어에 해당하는 기업의 페이지와 바로 연결된다. 예를 들어 '@韩国旅游한국여행'을 검색하면 곧바로 한국관광공사 사이트와 연결되도록 함으로써 이용자의 만족성을 높이고, 잠재고객으로 만들어 구매까지 이끌어 내도록 해서 기업의 만족도 또한 향상시킬 수 있는 서비스다. 바이두 즈다하오는 바이두가 기존에 제공하던 검색, 지도, 결제 서비스를 기반으로 예약부터 결제에 이르기까지 원스톱으로 거래를 해결하는 모바일 상업 원스톱 서비스로 발전하고 있다.

10. 바이두 원쿠(文庫)

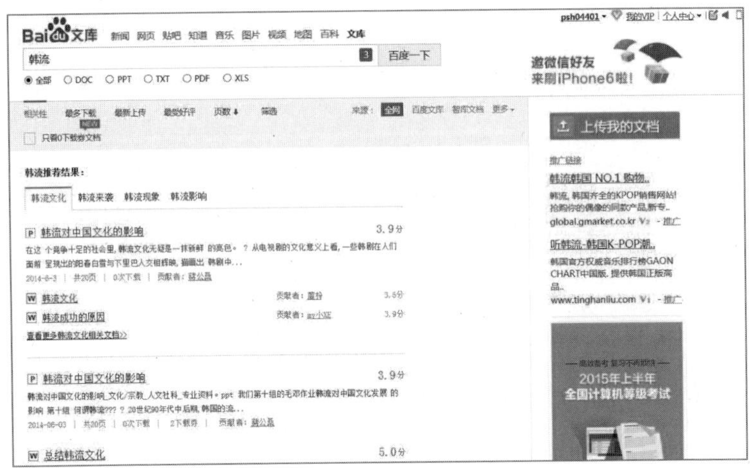

바이두 원쿠 '한류' 검색 결과

바이두 원쿠는 2009년 선보인 온라인 자료 공유 플랫폼으로, 보고서나 논문 또는 각종 문서 형식의 자료를 공유할 수 있는 온라인 도서관 서비스다. 1억 2,000만 건 이상의 문서들이 공유되고 있으며 필요한 문서를 내려 받기 위해서는 적립금이 필요하다.

11. 바이두 티에바(贴吧)

〈태양의 후예〉 바이두 티에바 검색 결과

바이두 티에바는 여러가지 키워드의 포럼이 존재하는 게시판 서비스다. 2013년에 구축된 티에바는 같은 취미나 핫이슈에 대한 관심을 가지고 있는 사람들이 정보를 공유하고 서로 교류하는 플랫폼으로, 2015년 기준 가입자만 약 10억 명에 달하며, 개설된 티에바 수가 820만 개에 이르는 대형 SNS 중 하나다. 주로 연예인을 중심으로 한 팬카페 형식으로 운영되고 있지만, 기업 계정으로 티에바를 만들어 기업의 상품이나 서비스를 위한 마케팅 수단으로도 활용할 수 있다.

12. 바이두 스핀(视频)

바이두 동영상 서비스 스핀

2007년에 정식 출시된 바이두 스핀은 약 5억 개의 영상을 보유하고 있는 영상 자료 검색 플랫폼으로, 중국의 인터넷 이용자들에게 다양한 영상 서비스를 제공하고 있다. 2016년 1월 기준 바이두 스핀 어플리케이션 이용자는 4억 명을 넘어섰으며 2016년부터 본격적으로 PGCProfessional Generated Content 형태의 자생 콘텐츠를 만드는 작업에 힘쓰고 있다. 2016년 7월부터는 중국에서 인기 높은 왕홍 중 한명인 파피장papi酱을 비롯해 중국의 여러 온라인 유명 인사들과의 협력을 진행하고 있다.

13. 바이두 디투(地图)

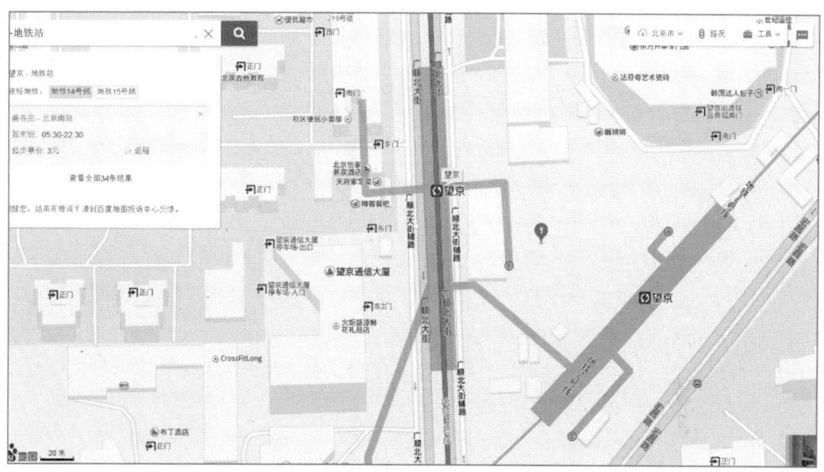

바이두 디투 '왕징 전철역' 검색 결과

바이두 디투는 바이두가 제공하는 지도 검색 서비스로 중국 400개 성시와 수천 개 구·현 지역을 커버한다. 바이두 디투를 통해서 인터넷 이용자는 도로와 상점 그리고 빌딩의 위치를 손쉽게 찾을 수 있을 뿐만 아니라 인터넷 이용자의 위치에서 가까운 거리의 음식점이나 학교, 은행, 공원 등의 위치를 알려 주는 서비스도 받을 수 있다. 중국 인터넷 이용자들이 생활 속에서 가장 자주 이용하는 서비스 중 하나다.

14. 바이두 인웨(音乐)

바이두 음악 서비스 인웨

바이두 인웨는 중국에서 가장 큰 음악 사이트이다. 대량의 음원 판권을 확보하여 이용자들에게 고품질의 음악 서비스를 제공하고 있다. 중국 노래뿐만 아니라 해외 노래, 뮤직비디오, 콘서트 관련 정보까지 음악과 관련된 다양한 소식들을 전달하는 플랫폼이다.

15. 바이두윈(百度云)

바이두 클라우드 서비스 윈

바이두윈은 바이두가 2012년 정식 출시한 클라우드 서비스다. 바이두윈에 가입하면 2TB의 저장 공간을 사용할 수 있으며, PC· 모바일 모두 사용 가능하다. 2억 명 이상의 가입자를 보유하고 있으며 필요한 자료를 빠르게 업로드·다운로드 할 수 있을 뿐만 아니라 다른 사용자들과 쉽게 자료를 공유할 수 있어 바이두 이용자들에게 인기가 높다.

16. 바이두 펑윈방(风云榜)

바이두 순위 제공 서비스 펑원방

바이두 펑윈방은 순위 제공 서비스로, 수억 명의 인터넷 이용자들의 검색 결과에 기반하여 관심도가 높은 검색어와 각종 순위를 제공하는 플랫폼이다. 이용자들의 관심사들을 반응하여 가장 인기 있는 인물이나 사건, 뉴스, 소설, 게임, 음악, 자동차 등 다양한 순위 정보를 제공하고 있다.

17. 바이두 검색 검열 키워드

　중국 정부는 특정한 정보가 담긴 웹페이지나 특정 웹사이트 접근을 차단하는 정보 제한 및 검열 시스템을 유지하고 있다. 특정 단어를 검색하면 문제가 되는 사이트들은 걸러 내어 결과를 보여 주거나, 특정 단어는 검색 자체가 불가능하게 되어 있다. 검색이 제한되거나 제한되었던 단어들로는 독재, 달라이 라마, 류샤오보 등 중국 정부의 정책에 민감하거나 반하는 것이 대부분이다. 중국에서 사이트를 운영하거나 마케팅을 진행하는 경우 중국 정부에서 검색을 제한하는 단어는 사용하지 않는 것이 좋다.

주요 검색 제한 단어	
專政(专政), 專制(专制)	전제, 독재
反共	반공
群體滅絕(群体灭绝)	집단 학살
鎮壓(镇压)	진압
封鎖(封锁)	봉쇄
勞教(劳教)	노동을 통한 재교육, 교화
紅色恐佈(红色恐怖)	붉은 공포
邪惡(邪恶)	사악
中俄邊界(中俄边界)	중국-러시아 국경
六四, 天安門事件(天安门事件)	6월4일, 톈안먼 사건
民運	민주화 운동
一塌糊塗(一塌糊涂)	YTHT 토론 게시판
汕尾	2005년 광둥성 둥저우 발포 사건
蟻力神(蚁力神)	의력신 사건, 중국 정부의 비호를 받은 것으로 알려진 대형 사기 사건
疆獨(疆独)	신장 독립
藏獨(藏独)	티벳 독립
流亡	망명

達賴(达赖)	달라이 라마
根敦-確吉尼瑪(根敦-确吉尼玛)	11대 라마
西藏論壇(西藏论坛)	티벳 논단, 티벳 독립운동 사이트
中國民主正義黨(中国民主正义党), 民主中國(民主中国), 中國民主同盟(中国民主同盟)	반체제 단체들
魏京生, 王丹, 吾爾開希(吾尔开希), 柴玲, 封從德(封从德), 丁子霖, 王若望, 劉賓雁(刘宾雁), 吳弘達(吴弘达), 司徒華(司徒华), 方舟子, 張戎(张戎)	반체제 및 기피 인물들
江賊(江贼), 賊民(贼民), 江賊民, 江流氓	장쩌민을 도적에 비유한 말들
趙紫陽(赵紫阳)	자오쯔양, 톈안먼 시위에 우호적이었던 공산당 총서기
鮑彤(鲍彤)	바오퉁, 자오쯔양의 정책 비서
黃菊(黄菊)	황쥐, 전 국무원 부총리
自由亚洲电台, 美国之音	(자유아시아 라디오), (미국의 소리) 등을 비롯한 일부 보도 · 홍보 기관
法輪(法轮), 法倫(法伦), 輪功(轮功), 輪大(轮大), 大法, 弟子, 真善忍, 明慧	파룬궁과 관련된 단어
民進黨/民进党	대만 정당
不爲人知的故事(不为人知的故事)	마오쩌둥에 대해 비판적인 책 『마오: 알려지지 않은 이야기』
九評共產黨(九评共产党)	중국 공산당에 비판적인 '대기원시보(大紀元時報)'의 공산당 비판 시리즈
李志綏(李志绥)	리즈쑤이, 마오쩌둥에 비판적인 전기 작가
支那	지나, 중국을 폄하하는 일본식 호칭
花花公子	미국 잡지 〈플레이보이〉

중국 최대 오픈마켓, 타오바오(淘宝) 마케팅

1. 타오바오 마케팅

2016년 11월 11일, 중국의 온라인 쇼핑 시장은 중국판 블랙 프라이데이로 불리는 광군제光棍节 당일 하루에만 1,207억 위안의 매출을 기록하여 전 세계를 놀라게 했다. 중국의 주요 온라인 쇼핑 사이트로는 타오바오왕淘宝网, 톈마오상청天猫商城, 징둥상청京东商城, 러펑왕乐峰网, 이하오뎬一号店 등이 있다. 아리바바그룹 산하의 타오바오왕은 C2C 시장 점유율 90%에 이르는 대표적인 중국 C2C 온라인 쇼핑몰이다. 아리왕왕阿里旺旺이라는 메신저를 통해 판매자와 실시간으로 채팅, 음성통화 및 영상통화를 할 수 있으며 대화 내용도 저장할 수 있어 분쟁 발생시 증거로 활용 가능하다.

아리바바그룹 산하의 또 다른 온라인 쇼핑몰인 톈마오상청은 B2C 시장에서 약 50%의 점유율을 가지고 있는 온라인 쇼핑몰이다. C2C 시장에 비해 판매자 및 상품에 대한 신뢰도가 높기 때문에 성장세가 빠르다. 징둥상청은 톈마오상청에 이어 B2C 시장 내 시장 점유율 2위를 차지하는 사이트이지만 가전제품, 컴퓨터, 통신기기 제품 판매의 강점을 기반으로 타오바오왕에 신뢰가 떨어진 소비자들을 끌어모으고 있다. 러펑왕은 자체 브랜드 화장품 매출액이 전체 매출액의 40%를 차지할 정도로 중국에서 큰 인기를 끌고 있는 온라인 화장품 쇼핑몰이다. 전문가 추천 방식 및 자체 브랜드를 선보임으로써 구매자들의 신뢰를 쌓아 가고 있다. 월마트가 최대 주주인 이하오뎬은 중국 최초의 온라인 마트로 총 매출액의 40%가 식품에서 나올 만큼 식품에 특화되어 있는 사이트다.

중국 주요 전자상거래 사이트

타오바오 마케팅은 타오바오를 플랫폼으로 하여 브랜드나 상품을 홍보하거나 또는 판매하는 행위를 의미한다. 타오바오에는 없는 게 없다고 할 정도로 다양한 상품이 판매되고 있다. 한국에서 전혀 수출하지 않은 제품이라도 개인이 한국에서 제품을 구입해 중국에서 판매하는 경우도 많기 때문에 한국 기업도 모르는 사이에 수많은 한국 제품이 중국 소비자들에게 소개되고 있다. 그러나 이러한 상품들은 잠깐 반짝하고 사라지거나 전혀 빛을 보지 못하는 경우가 대부분이다. 브랜드를 형성하지 못한 상품은 경쟁 상품에 의해 쉽게 밀릴 수 있기 때문이다. 특히 적극적으로 마케팅을 전개하는 경쟁 상품이 등장한다면 대응이 어렵다.

타오바오에서 판매하는 상품에 대한 소비자 평가는 다양하다. 대부분의 소비자는 자신이 필요한 상품을 살 수 있어 편리하다는 것에 동의한다. 그러나 제품의 질이나 신뢰도에 대해서는 높게 평가하지 않는다. 왜냐하면 C2C 거래의 특성상 사기꾼들도 존재하고 상품 중에는 짝퉁 비율도 높기 때문이다. 조금이라도 저렴한 가격에 팔아야 판매가 되기 때문에 짝퉁 상품들은 사라지지 않고 있다. 짝퉁 상품을 만들어서 싸게 판매하는 판매자가 점점 늘어나고 있는 추세지만, 소비자들은 직접 받아서 써 보지 않으면 짝퉁이라고 생각하기 힘들다. 또한 진품 판매 기업의 적극적인 해명이나 노력이 동반되지 않으면 소비자는 짝퉁을 구매하더라도 짝퉁이라는 생각보다는 원래 브랜드 상품의 품질이 좋지 않은 것으로 평가하고 향후 구입을 하지 않는다.

기업들이 타오바오 마케팅을 실행하는 목적은 크게 두 가지로 볼 수 있다. 하나는 상품을 판매하여 수익을 올리는 것이다. 수억, 수십억에 달하는 수입을 거두었다는 성공담들이 쏟아지면서 수많은 기업들이 풍운의 꿈을 안고 타오바오를 활용한 마케팅을 진행하고 있다. 브랜드가 알려지고 상품이 괜찮다고 평가받으면 타오바오를 통한 판매량은 급격히 증가할 수 있다.

또 다른 목적은 브랜드나 상품의 홍보다. 입소문은 소비자들을 통해서 빠르게 퍼져 나간다. 만약 상품이 좋다고 소문이 나면 판매는 자연스럽게 증가할 수 있다. 타오바오는 중국에서 상품의 성공 가능성을 평가해 보는 플랫폼으로 사용되기도 한다. 길거리에서 샘플을 나눠 주는 것보다 타오바오를 통해서 잠재 고객들에게 상품을 체험하도록 함으로써 상품의 성공 가능성과 상품 판매를 증진시키기 위한 다양한 정보를 확보할 수 있다. 그리고 타오바오에서 팔리는 상품은 기업의 신뢰도에도 영향을 줄 수 있다. 중국에 오프라인 판매점이 없는 기업이라면 최소한 타오바오에서 팔리고 있는 상품이라는 소개는 해야 한다. 중국에서 전혀 팔리지 않는 제품이라면 중국 기업이나 소비자에게 접근하기 쉽지 않기 때문이다. 중국 소비자가 쓰고 있고 그것이 문제없이 인기를 얻고 있다면 중국에서 기업의 또 다른 상품을 판매하는 데 도움을 줄 수 있다.

타오바오 마케팅은 단순히 타오바오에 상점을 개설하였다고 해서 끝나는 것이 아니다. 상점이 만들어졌다면 상품을 입점시키고 자신의 상점을 알리는 마케팅을 진행해야 한다. 기업의 상품 마케팅을 위해서 타오바오 자체에서도 다양한 홍보 방법과 정책을 실행하고 있다. 타오바오는 일정 수준의 판매가 일어나는 제품, 브랜드의 인지도가 상승하는 제품 그리고 소비자들의 평가가 좋은 제품 등을 선별하여 특별히 사이트와 협력 마케팅을 전개할 수 있는 기회를 제공하기도 한다. 또한 기업들이 소비자들에게 자신의 제품을 홍보할 수 있는 다양한 채널도 제공하고 있다. 타오바오에서 제공하는 마케팅 채널과 정책들을 활용하여 마케팅을 전개한다면 브랜드나 제품 홍보에 도움이 될 수 있다.

온라인 쇼핑 사이트에서 물건을 파는 것은 경쟁을 수반한다. 수많은 사이트 중에서 자신의 사이트에 들어와서 제품을 사도록 해야 한다. 사이트에 들어온 고객들이 가격이나 혜택에 있어서 만족해야 하고 같은 제품을 파는 사이트보다 경쟁력이 있어야 한다. 생존과 성공을 위해 마케팅은 필수적인 것이다.

타오바오에 개설된 상점 중에서 20%만이 수익을 올리고 있다는 통계도 있다. 80%는 상점을 개설하고 오히려 손해를 보고 있는 것이다. 쇼핑 사이트를 개설하고 기다리면 되는데 도대체 손해 될 것이 뭐가 있을까?라고 생각할 수도 있겠지만 중국에서는 온라인 쇼핑 사이트를 방문한 소비자들이 물건과 관련된 내용을 채팅을 통해서 확인하고 궁금한 것들을 물어보는 경우가 많기 때문에 단순히 상점을 개설하고 주문만 받는 것이 아니라 지속적으로 고객을 파악하고 커뮤니케이션해야 하기 때문에 운영 비용이 수반된다. 타오바오 마케팅은 타오바오 플랫폼에서 최소한의 비용으로 최대의 수익을 이끌어 낼 수 있는 방안들을 찾아 실행하는 것이다.

2. 타오바오 계정 개설

타오바오 계정을 만들어 보자. 중국에서 계정을 만드는 것은 대부분 대동소이하다. 따라서 웨이보나 런런왕 등 SNS에 가입해 본 사람이라면 타오바오 계정 또한 쉽게 개설할 수 있다. 우선 인터넷 주소창에 'www.taobao.com'을 입력하면 타오바오 초기 화면이 뜬다. '무료 등록免费注册' 버튼을 클릭한다.

타오바오 메인

계정 개설 화면이 뜨면 계정을 개설하는 지역과 휴대폰 번호를 입력하고 전송되는 검증 번호를 입력한 후 '다음下一步' 버튼을 클릭한다. 중국 휴대폰이 없는 경우에는 이메일을 통해서 계정을 개설할 수도 있다. 이메일을 통해서 진행할 경우 '기업회원? 이메일을 통한 등록企业账户? 需通过邮件注册'을 클릭한다.

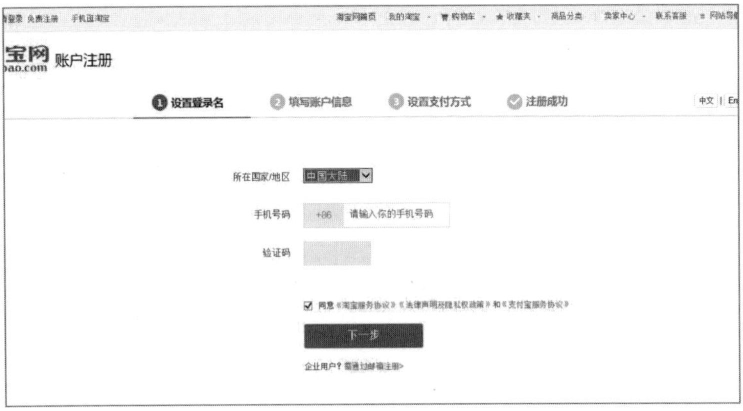

타오바오 계정명 등록

이메일 입력창이 뜨면 메일을 수신할 수 있는 이메일을 입력한
다. 중국에서는 구글이 서비스되지 않기 때문에 지메일이 아닌 다
른 메일을 입력한다. '다음下一步' 버튼을 클릭한다

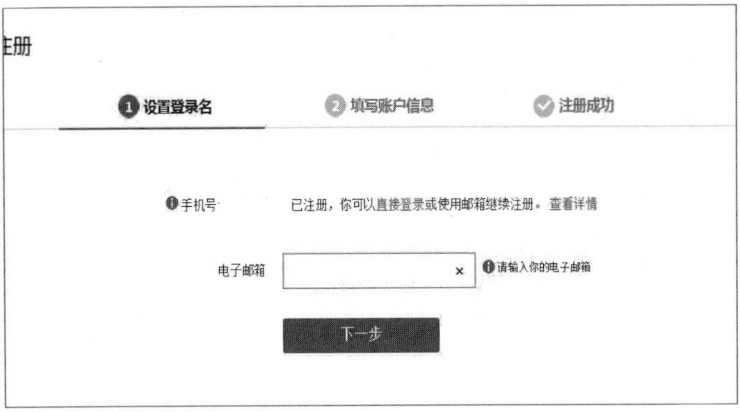

타오바오 이메일 등록

입력한 이메일함에 들어가서 타오바오에서 보낸 메일을 선택한 후 링크를 클릭한다.

타오바오 이메일 확인

비밀번호 등 계정 정보를 입력하고 '확정确定' 버튼을 클릭하면 타오바오 계정 개설이 완료된다.

타오바오 비밀번호 등록

3. 즈푸바오 계정 개설 및 사용

즈푸바오는 온라인 결제 시스템으로 타오바오에서 물품 대금을 결제하기 위해 사용하기 시작하였다. 그러나 현재는 타오바오 사용자뿐만 아니라 중국 인터넷 이용자의 70% 이상이 사용하고 있는 가장 인기있는 전자지갑이다. 즈푸바오의 성공은 타오바오에서 보증하는 거래의 안전성이 크게 작용하였는데, 즈푸바오는 안전한 거래 수단으로 평가되면서 중국인들의 온라인 생활 영역에서 광범위하게 사용되고 있다. 타오바오의 상품 결제뿐만 아니라 기타 온라인 전자상거래에서도 가장 많이 사용되는 결제 시스템이며 비행기표, 휴대전화 요금을 비롯해 전기세, 수도세와 같은 공공요금 지불에도 편리하게 사용되고 있다. 때문에 중국에서 즈푸바오 계정을 가지고 있으면 온라인을 통한 전자상거래를 편하게 이용할 수 있다.

즈푸바오 계정을 개설하는 방법과 즈푸바오 계정에 돈을 충전하는 방법을 살펴보자. 우선 즈푸바오 계정을 개설하기 위해서는 인터넷 주소창에 '즈푸바오 사이트www.alipay.com'를 입력하고 클릭한다. 첫 화면이 열리면 '등록注册' 버튼을 클릭한다.

즈푸바오 메인

계정 개설 화면이 뜨면 휴대폰 번호를 입력하고 휴대폰 번호로 전송되는 검증 번호를 입력한 후 '다음下一步' 버튼을 클릭한다. 중국 휴대폰이 없는 경우 이메일을 통해서 계정을 개설할 수도 있다. 이메일을 통해서 진행할 경우 '이메일 이용 등록使用邮箱注册'을 클릭한다.

즈푸바오 휴대폰 번호 이용 등록

이메일 입력창이 뜨면 이메일을 입력하고 '다음下一步' 버튼을 클릭한다.

즈푸바오 이메일 이용 등록

휴대폰 확인창이 뜨면 휴대폰 번호와 검증 번호를 입력하고 '다음下一步' 버튼을 클릭한다

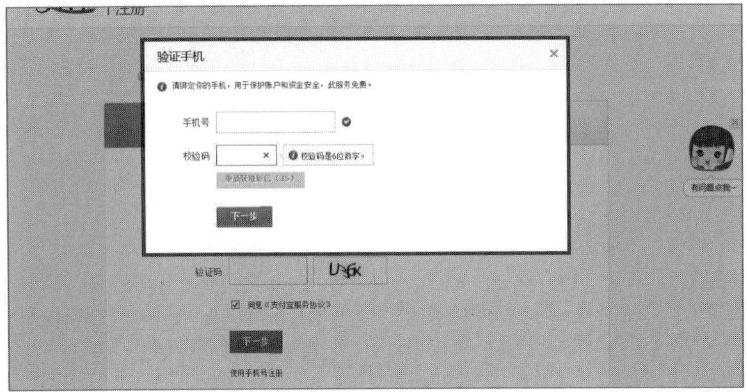

즈푸바오 휴대폰 검증 번호 등록

메일함에서 인증 메일을 열어 '계속 등록继续注册' 버튼을 클릭한다.

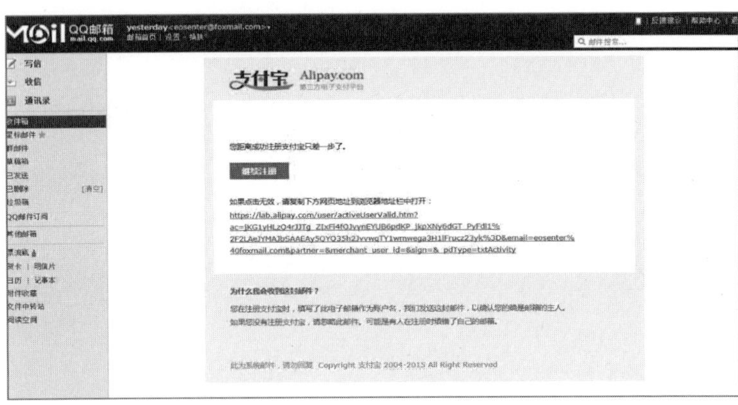

즈푸바오 계정 등록 이메일 확인

　　즈푸바오 사이트 비밀번호와 대금 지불 시 사용할 비밀번호, 이름과 신분증 번호를 입력하고 '확정确定' 버튼을 클릭하면 즈푸바오 계정 개설이 완료된다.

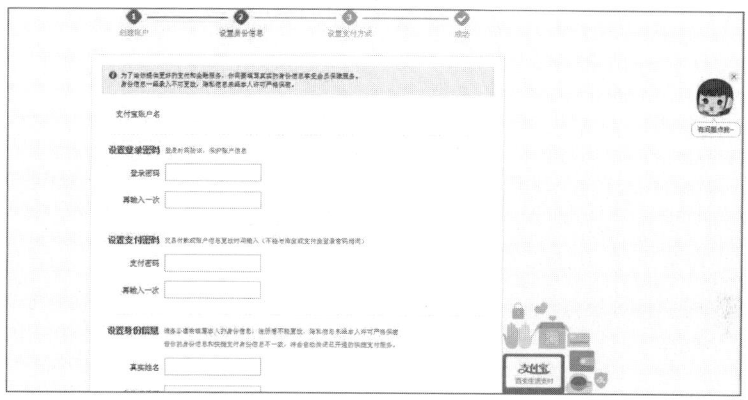

즈푸바오 비밀번호 설정

　　계정 개설 후에는 개인 인증을 받아야 금액을 충전하고 타오바오 상점 또한 개설할 수 있다. 개인 실명 인증을 받는 방법을 간략하게 살펴보자. 우선 타오바오 계정에 들어가서 '외국인 회원 실명인증外籍会员实名认证'을 클릭하면 개인정보를 입력하는 화면이 나온다. 이름, 여권 번호, 여권 사진, 입출국 증명 등 관련 정보를 입력하고 '다음下一步'을 클릭한다.

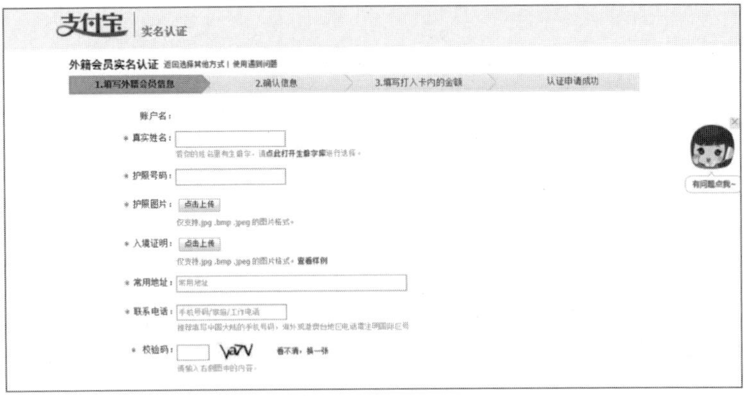

즈푸바오 인증을 위한 세부 개인정보

거래 은행명과 계좌번호를 입력하고 '다음下一步'을 클릭한다.

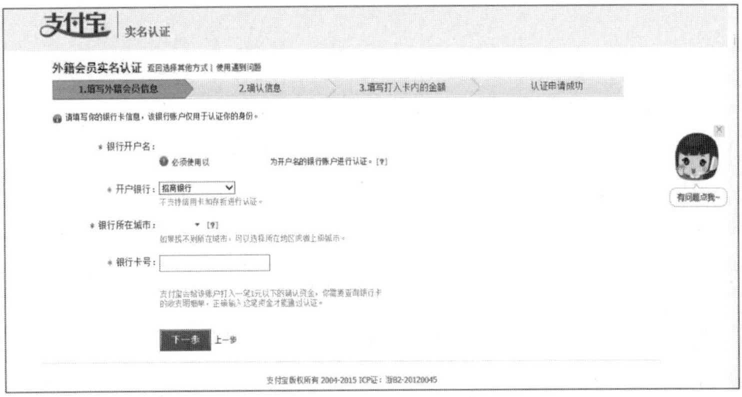

즈푸바오 은행 계좌 입력

입력한 정보를 확인하는 화면이 나타나면 정확하게 입력되었는 지 확인하고 '정보 확인 및 제출确认信息并提交'을 클릭한다.

즈푸바오 실명 인증 확인

제출이 성공하였다는 내용과 함께 기재한 은행에서 1위안 이내에서 입출금이 이뤄진다는 화면이 뜬다. 1~2일 정도 기간에 입출금 거래에 관한 내용이 휴대폰 문자메시지로 전달되면 금액을 입금하라는 내용도 함께 뜬다.

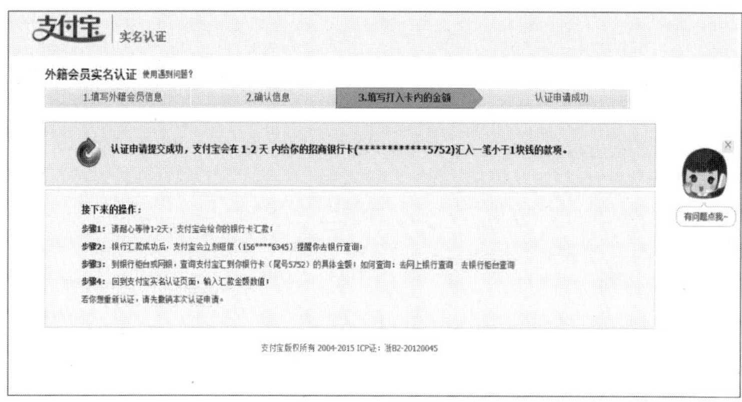

즈푸바오 은행 계좌 확인

기재된 은행을 통해 실명과 거래 은행 확인이 이뤄지면 문자메시지로 입출금된 금액이 전송된다. 문자메시지로 전달된 금액을 입력하고 '확인确认'을 클릭한다.

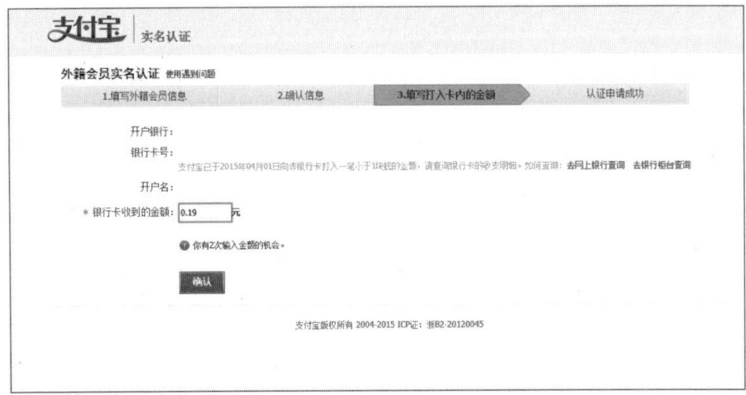

즈푸바오 은행 계좌 최종 확인

입력한 금액이 맞으면 개인 실명 인증이 확인되었다는 내용이 뜬다.

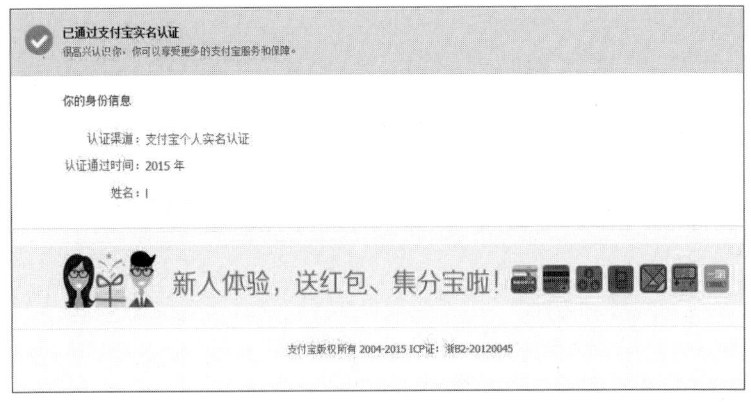

즈푸바오 실명 인증 성공

　　즈푸바오 계정이 개설되고 실명 인증이 완료되면 계정에 금액을 충전할 수 있다. 즈푸바오 계정에 금액을 충전하는 방법은 은행 계좌를 등록한 후 비밀번호 입력만으로 간편하게 결제하는 방식과 은행 인터넷 뱅킹으로 접속해서 결제하는 방식 그리고 사전에 인터넷 뱅킹 서비스에 가입이 되어 있는 계좌를 이용하여 금액을 충전하는 방식이 있다.

　　여기서는 등록된 은행으로 금액을 충전하는 방법을 살펴보자. 우선 즈푸바오에 들어가서 '나의 즈푸바오我的支付宝' 버튼을 클릭한다.

나의 즈푸바오 메인 화면

　　'충전充值' 버튼을 클릭한 후 '저축카드储蓄卡' 버튼을 클릭한다. 거래하는 은행을 선택한 후 '다음下一步'을 클릭한다.

즈푸바오 충전 은행 카드 선택

카드 번호와 휴대폰 번호 그리고 충전 금액을 입력한다. 휴대
폰으로 전송되는 검증 번호를 입력한 후 '약관 동의 및 충전' 버튼
을 클릭한다.

은행 카드 확인 및 충전 금액 입력

카드 번호와 휴대폰 번호 그리고 충전 금액을 입력한다. 휴대폰

으로 전송되는 검증 번호를 입력한 후 '약관 동의 및 충전' 버튼을
클릭하면 충전이 완료된다.

4. 타오바오 상점 만들기

타오바오 계정을 만들었고 즈푸바오 계정까지 신청을 마쳤다면
이제 타오바오 상점을 만들어 보자. 타오바오 상점은 크게 개인 상점
과 기업 상점으로 나뉜다. 개인 상점은 외국인이라도 여권을 가지고
만들 수 있지만, 기업 상점은 한국 기업은 안되고 중국에서 사업자
등록증이 발행된 기업만 가능하다.

우선 타오바오 초기 화면으로 들어가서 상단 메뉴에서 '판매자
중심卖家中心'을 클릭하고 펼쳐지는 항목 중에서 '무료 상점 개설免费
开店' 항목을 선택한다.

타오바오 메인 화면

무료 상점을 개설하기 위해서 타오바오에 등록하라는 화면이 나오는데, 등록은 타오바오 계정을 입력하거나 QR코드를 모바일 타오바오로 스캔하면 된다. 여기서는 타오바오 계정을 만들 때 사용했던 '전화번호또는 회원명/이메일 주소'와 비밀번호를 입력하고 '등록登录' 버튼을 클릭한다.

타오바오 등록

타오바오 계정을 등록하고 로그인한 후 '판매자 중심卖家中心' 항목 중에서 '무료 상점 개설免费开店' 항목을 클릭하면 판매자 중심 화면이 나오는데 여기서 개인 점포와 기업 점포 중 하나를 선택한다. 개인 점포를 만들어 보도록 하자. 하단 메뉴 중에서 '개인 점포 창업'을 클릭하면 타오바오 상점에 대한 이해를 돕는 화면이 나온다.

타오바오 상점 개설을 위한 판매자 중심 메인 화면

　　계정 개설 정보 확인 화면에는 타오바오 상점에 대한 설명이 나오는데 주요 내용을 보면 다음과 같다. 첫째, 타오바오 상점 개설은 무료다. 둘째, 하나의 신분증으로 하나의 타오바오 상점만 개설할 수 있다. 셋째, 이미 타오바오 상점을 개설하였다면 기존 타오바오 상점을 취소하고 다시 타오바오 상점을 개설할 수 없다. 넷째, 다른 사람의 신분증으로 점포를 개설할 수 없고 자신의 신분증으로 타오바오 상점을 개설해야 한다. 다섯째, 점포를 다른 사람에게 빌려줄 수 없다. 이러한 내용에 동의한다면 아래 버튼 중 '이해함, 계속 개설我已了解, 继续开店'을 클릭한다.

타오바오 상점 개설 관련 정보 확인

타오바오 상점 개설을 위한 인증 화면이 나오면 '이용자 유형用户类型'에서 '외국 국적 이용자外籍用户'를 선택한 후 즈푸바오 계정을 인증하고, '타오바오 상점 개설 인증淘宝开店认证'에서 '즉시 인증立即认证'을 클릭하여 프로세스를 진행한다. 타오바오 상점 개설 인증을 진행할 때는 입력 화면에서 이름, 여권 번호, 여권을 들고 찍은 사진, '주소영문 또는 중문'를 입력한 후 '제출提交' 버튼을 누르면 상점 개설 신청이 완료된다. 타오바오 상점 개설 인증까지는 반나절 정도가 소요된다. 인증이 확인되고 보증금 1,000위안을 납입하면 자신만의 타오바오 상점을 운영할 수 있다.

타오바오 상점 개설을 위한 인증

중국판 파워블로거, 왕훙(网红) 마케팅

1. 왕훙 마케팅

왕훙은 '왕뤄훙런网络红人'의 줄임말로, 원래는 일련의 사건과 행위로 온라인에서 신속하게 네티즌의 주목을 받게 된 인물을 뜻한다. 후에 의미가 확대되어 한국의 파워블로거와 인터넷 방송 BJ가 혼합된 개념으로 온라인 상에 대량의 팔로워를 가진 유명인의 의미로 사용되고 있다.

2016 인터넷 이용자가 생각하는 왕훙

구분	비율(%)
온라인 스타	62.6
BJ	55.0
연예인	47.5
게임 해설가	37.5
온라인 쇼핑몰 모델	35.0
스포츠 해설가	10.0
인터넷 강의 강사	7.5
기타	5.0

출처: KOCCA, 아이루이

일반적으로 왕훙 마케팅은 왕훙이 혼자 또는 조직을 구성하여 온라인 상에 보유한 팔로워를 기초로 하여 마케팅을 전개하는 것을 의미한다. 글로벌 화장품 브랜드 에스티로더의 회장인 윌리엄 로더 William Lauder가 왕훙 마케팅이 TV 광고보다 영향력이 더 크다고 주장 할 만큼 왕훙 마케팅은 중국 시장에서 대세 마케팅으로 자리 잡고 있다.

실제로 중국의 왕훙 마케팅은 시장 잠재력과 부가가치가 높은 것으로 평가된다. 중국의 시장조사 업체인 CBN Data가 발표한 〈2016 중국 전자상거래 왕훙 빅데이터 보고2016中国电商红人大数据报告〉에 따르면 2016년도 왕훙 산업의 연간 규모는 약 580억 위안에 달할 것으로 예상된다. 이는 2015년 중국의 영화 티켓 판매액인 440억 위안을 훌쩍 뛰어넘는 금액이다.

왕훙 마케팅의 기본적인 가치사슬은 '플랫폼→ 왕훙→ 소비자'로, 활동 영역도 온라인과 오프라인을 아우른다. 일반적으로 웨이보 및 1인 방송 등으로 팬덤을 형성한 왕훙은 온라인 생방송 플랫폼을 통해 활동을 전개하지만, 온라인과 오프라인을 연계해 각종 물건을 판매하는 등 O2O 가치사슬을 통해 전략적 제휴나 협력 관계를 형성하는 경우도 증가하고 있다. 중국에서 '왕훙경제'가 산업계의 이슈로 떠오르면서 다양한 비즈니스 산업 분야가 왕훙 마케팅의 가치사슬에 묶여 가고 있는데 이는 왕훙이 보유한 팬덤을 기반으로 안정적인 소비를 창출하기 위함이다.

왕훙은 자신만의 개성과 다양한 콘텐츠를 바탕으로 팬들과 적극적으로 소통한다. 단순히 자신의 글이나 사진을 SNS에 게시하는 소극적 행동에 그치지 않고 음성과 영상 그리고 다양한 도구들을 활용하여 온라인에서 팬들과 소통을 이어간다. 실제로 아이리서치 보고서에 의하면 왕훙이 팔로워와 소통하는 주요 매개로 영상 콘텐츠를 주로 활용하고 있고, 왕훙들이 많이 활동하고 있는 웨이보의 경우 2015년 0.8억 번이던 영상 콘텐츠 일평균 방송

량이 2016년 3월에는 4.7억 번으로 전년대비 489% 성장한 것으로 나타났다.

왕홍이 전달하는 정보도 메이크업, 헤어 등 미용과 패션을 넘어 온라인 게임, 여행, 육아 등의 영역까지 점점 다양한 분야로 확대되고 있다. 왕홍은 자신만의 독특하고 개성있는 이미지를 강조한다. 때문에 기존의 연예인들처럼 고귀한 이미지를 고수하지 않고 자기 자신을 있는 그대로 드러내는 것을 즐기며 이를 통해 기존 스타들과 차별화를 추구한다. 꾸밈없이 자신을 보여주는 왕홍들은 다양한 스타일과 기호를 가진 소비자의 취향을 저격하여 수많은 팔로워를 만든다. 왕홍의 팬들은 유사한 취향을 가진 사람들일 가능성이 높기 때문에 그들은 왕홍의 발언이나 추천하는 제품에 대해 높은 신뢰를 보인다.

2016 인터넷 이용자가 즐겨 보는 개인 방송

구분	비율(%)
오락	50.2
생활	30.4
스포츠	22.5
게임	20.7
뉴스	17.5
교육	5.2
기타	10.1

출처: 아이메이쯔쉰(艾媒咨询)

2. 왕훙경제(网红经济)

 중국에서 인터넷 보급이 확대되고 네티즌들이 스마트폰이나 휴대용 기기 등을 이용해 손쉽게 온라인에 접근할 수 있게 되면서 온라인 유명인인 왕훙의 영향력과 파급력도 폭발적으로 커지고 있다. 왕훙들이 가진 경제적 잠재력과 영향력이 커지면서 '왕훙경제'란 새로운 용어가 등장하였다. 왕훙경제는 셀러브리티Celebrity와 경제Economy를 결합한 단어인 셀럽경제Celeb-economy와 비슷한 의미로 쓰인다. 즉, 왕훙경제란 온라인 유명인들의 영향력과 그들에 대한 대중의 관심을 마케팅 수단으로 적극 활용함으로써 형성되는 경제 시스템을 말한다.

 중국 마케팅에서 왕훙경제를 주목해야 하는 이유는 중국 소비자들의 요구가 갈수록 다양해지고 세분화되는 상황 속에서 왕훙들은 인물 그 자체로 소비자들의 요구를 충족시킬 수 있는 하나의 명품 브랜드로 포지셔닝되고 있기 때문이다. 중국 투자은행 중 하나인 궈타이쥔안国泰君安증권이 2016년 1월에 발표한 보고서에 따르면 중국 왕훙들에 의해 주도되는 시장은 큰 잠재력을 가지고 있으며 왕훙경제는 의류 분야에서만 1,000억 위안 이상의 가치를 가진다고 밝혔다. 이는 온라인 의류 쇼핑 시장 전체의 1/6에 달하는 금액이다.

 왕훙경제는 거침없이 커지는 왕훙의 영향력으로 온라인 쇼핑 트렌드를 이끌며 제품 판매 프로세스와 업계 판도를 뒤바꾸고 있다. 예를 들어 전통적인 의류 브랜드들은 일반적으로 판매 예상 매출에 따라 여러 옵션 중 몇 가지 디자인을 고른 후, 선택된 디자인의 제품을 대량 생산하여 판매한다. 그러나 왕훙들의 경우에는 수

많은 종류의 디자인 샘플들을 직접 입어 보고 사진을 게시한 후에 이에 대한 잠재 구매자들의 의견을 바탕으로 어떤 디자인을 대량 생산할 것인지 결정한다. 즉, 팬들의 피드백에 따라 옷의 디자인, 색상, 크기 등을 유연하게 변경할 수 있으며, 이러한 유연성은 고객의 구체적인 수요를 충족시킬 수 있는 '맞춤형 제작'의 사업 방식으로 나타나고 있다. 이러한 제품 판매 프로세스는 기존 전통적인 업계의 제품 판매 프로세스와는 달리 온라인 플랫폼을 통해 소비자와 직접 소통하고 그들의 피드백을 적극적으로 반영하는 프로세스를 선택하면서 소비자들의 환영을 받고 있다.

3. 연예인 부럽지 않은 왕홍들

중국에서 유명한 왕홍의 경우에는 본인의 이름을 내건 온라인 쇼핑몰을 운영하며 엄청난 수입을 올리기도 한다. 실례로 약 400만 명의 팔로워를 거느린 유명 웨이보 패션 블로거 장다이張大奕의 경우에는 타오바오에 온라인 상점을 열어 런칭 첫 해에 월 매출 수백만 위안을 올려 2015년 타오바오 전체에서 매출 2위를 기록하기도 하였다. 그녀의 상품들은 2초에 5,000개씩 팔렸는데 이는 보통 작은 오프라인 소매점의 연간 매출과 맞먹는 액수다.

그렇다면 왕홍의 주요 상업 모델은 무엇일까? 왕홍이 주로 활용하는 플랫폼은 소셜 플랫폼, 영상 플랫폼 그리고 생방송 플랫폼이다. 왕홍들은 자신이 경쟁력을 확보할 수 있는 플랫폼에서 활동하며 수익을 창출한다.

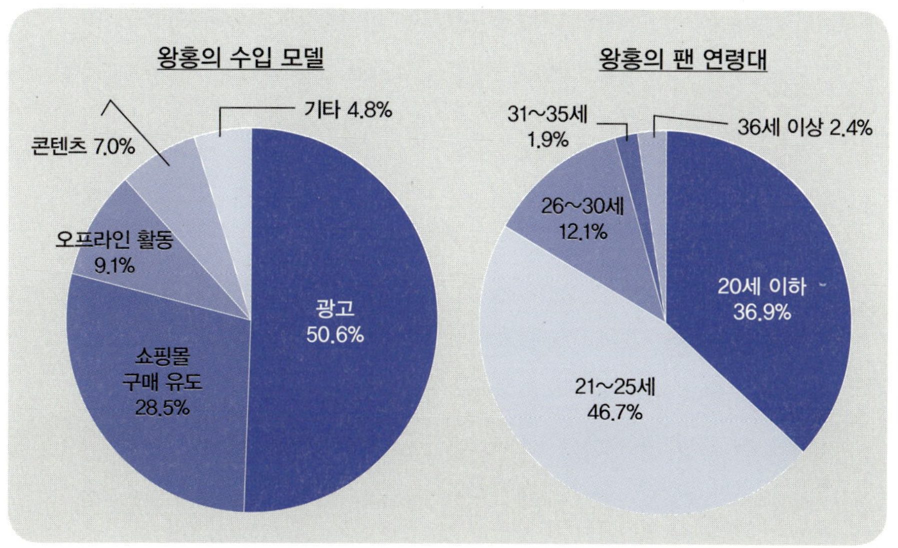

왕훙들의 수익 모델을 좀 더 구체적으로 살펴보면 우선 팬들로부터 받는 '팁' 같은 가상 선물을 들 수 있다. 대부분의 온라인 플랫폼들은 팬들이 왕훙에게 직접 돈이나 선물을 줄 수 있도록 '팁' 시스템을 구축하고 있다. 실례로 웨이신에 패션 관련 포스팅을 하면 구독자들은 전자 결제 시스템을 통해 왕훙에게 1위안에서 256위안까지 팁을 지불할 수 있다. 왕훙들이 매 콘텐츠마다 보통 10만 정도의 조회수를 기록하는 점을 고려하면 이런 '팁' 시스템을 통해 그들이 벌어들이는 액수도 상당히 많을 것으로 예상된다. 유명 브랜드로부터의 광고비도 왕훙의 주요 수입원 중 하나다. 왕훙들은 기존의 유명 브랜드들과 협력해 그들의 게시물이나 비디오 속에 광고를 끼워 넣거나 하이퍼링크를 거는 방식으로 광고를 하고 광고비

를 받는다. 실제로 샤넬, 프라다와 같은 명품 브랜드들도 왕홍과 협력해 마케팅을 추진하고 있다. 이처럼 브랜드 제품들이 왕홍과 협업을 하는 것은 소비자들이 어려운 용어로 도배된 전문 패션 잡지들보다 오히려 왕홍의 추천을 더 신뢰하고 받아들이는 경향이 있기 때문이다. 왕홍들은 연예인들처럼 행사에 참가함으로써 수익을 창출하기도 한다. 왕홍들은 온라인뿐만 아니라 신제품 출시 이벤트나 기업 이벤트 그리고 기념식 등 오프라인 행사에서도 활발하게 활동하고 있다. 왕홍들이 직접 온라인 쇼핑몰을 운영하면서 수익을 올리는 경우도 증가하고 있다. 온라인 쇼핑몰 운영 수익은 왕홍의 수입원 중 가장 큰 부분을 차지한다. 타오바오 통계에 의하면 2015년 타오바오 여성복 상점 상위 10개 중 5개가 왕홍이 운영하는 상점이었다. 왕홍이 운영하는 상점은 따로 광고하거나 할인 행사 등에 참여하지 않는 대신 손님들을 팬으로 만들고 그들과 적극적으로 소통하며 고객에게 한층 더 가치 있는 쇼핑 경험을 선사함으로써 온라인 쇼핑몰 시장에서 큰 성공을 거두고 있다.

2015 전자상거래 상업가치 지수 왕홍 순위 TOP5

순위	이름	상업가치 지수(%)
1	Only Anna	92.6
2	장다이(张大奕)	92.3
3	Lin	85.9
4	TikiLee	81.4
5	ALU_U	81.3

출처: CBN Data

2016년 중국 시장에서 왕홍이 운영하는 인터넷 쇼핑몰 혹은 광고 상품과 관련된 소비가 가장 많이 이뤄지고 있는 지역은 1위 저장浙江, 2위 광둥广东, 3위 장쑤江苏, 4위 상하이上海, 5위 푸젠福建, 6위 베이징北京, 7위 쓰촨四川, 8위 후베이湖北, 9위 산둥山东, 10위 허난河南 순으로 나타났다. 왕홍들이 주로 활동하는 플랫폼은 타오바오, 웨이보, 웨이신, QQ, 유쿠, 런런왕 등이다. 이 중에서 중국 대표 SNS인 웨이보와 타오바오가 중국의 왕홍을 탄생시킨 주요 플랫폼이다.

현재 중국에서 가장 인기 있는 왕홍 중 한 명인 papi장은 개인 웨이보에 올린 코믹한 동영상으로 온라인에서 큰 인기를 끌고 있다. 2015년 8월에 시작한 웨이보가 1년 만에 1,731만 명이 넘는 팔로어를 보유하는 기염을 토하였다. 'papitube'라고 불리는 papi장의 동영상은 이미 소비자들이 즐겨 보는 하나의 콘텐츠로 자리 잡으면서 2016년 3월에 1,200만 위안의 투자를 받기도 하였다. 최근 그녀의 인터넷 생방송에 2,000만 명이 넘는 사람이 모이는가 하면 그녀의 동영상에 붙는 광고가 2,200만 위안에 팔리면서 그녀의 인기를 다시 한 번 입증하기도 하였다.

2015 중국 왕홍 순위

순위	이름	평판(%)	창조력(%)	영향력(%)	종합점수(%)
1	왕쓰충(王思聪)	95.25	88.67	94.17	92.70
2	파피장(papi酱)	92.50	94.05	79.50	88.68
3	텐차이샤오슝마오 (天才小熊猫)	90.58	93.64	79.04	87.76
4	아이커리리(艾克里里)	90.27	92.74	80.17	87.73
5	후이좐융샤오마자 (回忆专用小马甲)	88.91	91.71	78.40	86.34
6	자오서우이샤오싱 (叫兽易小星)	91.85	90.40	67.99	83.41
7	바과_워스짜이스타이cj러 (八卦_我实在是太cj了)	93.08	86.79	68.16	82.68
8	무야란(穆雅斓)	87.40	84.98	71.71	81.36
9	장다이(张大奕)	86.40	84.65	73.00	81.35
10	장쩌텐(章泽天)	84.16	84.35	69.71	79.41
11	통다오다수(同道大叔)	85.40	83.93	66.81	78.71
12	구다바이화(谷大白话)	85.73	82.59	65.89	78.07
13	궈쓰터(郭斯特)	85.42	82.29	65.39	77.07
14	뤄위펑(罗玉凤)	83.22	80.98	65.99	76.73
15	차오투쥔(草图君)	78.99	79.82	69.36	76.06
16	류지서우(留几手)	82.56	78.88	66.83	76.90
17	우다웨이(吴大伟)	79.60	77.52	68.91	75.35
18	스투쯔(使徒子)	80.27	78.17	76.68	74.39
19	웨이다더안니 (伟大的安妮)	77.40	77.61	68.17	74.39
20	츄톈류첸 (秋田六千)	76.67	79.15	64.40	73.40
21	인자오서우(银教授)	76.67	76.40	65.12	72.73
22	쉐리(雪梨cherie)	76.46	67.49	72.21	72.05
23	구아모(谷阿莫)	76.45	73.05	63.71	71.07
24	아야와와(ayawawa)	73.50	69.74	68.87	70.70
25	우충충아이화화 (吴琼琼爱画画)	68.02	72.60	69.60	70.07
26	우싱수얼(五行属二)	71.52	71.89	60.82	68.08

27	고고보이(gogoboi)	69.21	70.79	64.25	68.08
28	류추톈(刘楚恬)	66.87	72.32	61.90	67.03
29	위안쯔원(苑子文)	69.68	66.65	64.83	67.05
30	슈샨루(休闲璐)	70.50	62.98	87.65	67.04
31	린샤오짜이(林小宅)	65.31	62.78	72.16	66.75
32	아이컨리더싱지쑤이펜(爱啃梨的星际碎片)	63.22	59.25	75.65	66.04
33	쓰제(尸姐)	61.27	61.43	72.36	65.02
34	귀다이뱌오둥둥장(课代表东东酱)	63.50	64.85	65.85	64.73
35	자오다시(赵大喜)	61.79	60.70	69.63	64.04
36	황찬찬(黄灿灿)	61.09	60.14	69.79	63.68
37	해피장지장(happy张江)	60.57	62.55	61.02	61.38
38	류취안유(刘全有)	57.50	59.27	65.48	60.75
39	얼디(耳帝)	59.04	58.82	63.31	60.39
40	딩이천(丁一晨)	57.77	59.06	64.41	60.41
41	류쯔천(刘梓晨)	56.21	57.54	65.34	59.70
42	왕류원(王柳雯)	57.27	57.53	61.34	58.71
43	천더우링(陈都灵)	62.72	55.03	47.28	55.01
44	르스지(日食记)	56.77	55.92	44.41	52.37
45	장위시(张予曦)	55.85	55.63	43.55	51.67
46	허우수난(侯书楠)	54.87	54.02	45.23	51.37
47	저우양칭(周扬青)	55.37	53.68	45.03	51.36
48	팡위안(方媛)	54.67	52.53	45.03	50.74
49	관아이(管阿姨)	53.91	54.27	43.02	50.06
50	샨신러(弦心乐)	50.80	53.22	39.26	47.76

출처: 인터넷주간(互联网周刊)

4. 왕홍들의 놀이터 1인 방송 플랫폼

최근 왕홍들이 가장 선호하고 활발히 활동하고 있는 곳이 바로 인터넷 생방송 플랫폼이다. 최근 몇 년간 인터넷 생방송 플랫폼은 중국 내에서 큰 관심을 받으며 급성장하고 있다. 수십 개가 넘는 인터넷 생방송 플랫폼이 시장을 리드하기 위해서 스타는 물론이고 유명 왕홍을 자신의 플랫폼으로 초청하여 홍보와 마케팅을 진행하고 있다. 왕홍을 활용한 인터넷 생방송 플랫폼은 인터넷 방송 사업자뿐만 아니라 왕홍에게도 인지도를 높일 수 있는 '윈윈전략'으로 활용되고 있다.

인터넷 플랫폼의 콘텐츠 발전 방향

내용 형식	문자	사진	영상—녹화 (장편)	영상—녹화 (단편)	영상— 생방송	VR/AR (현황)	VR/AR (전망)
주요 창작 유형	UGC	UGC/PGC	UGC/PGC	UGC	UGC	PGC	UGC/ PGC
창작 문턱	낮음	낮음	비교적 높음	비교적 낮음	비교적 낮음	매우 높음	낮아지는 추세
작품 길이	천자/장절	1장/ 여러 장	몇 분~ 몇 시간	몇 초~ 몇 분	몇 분~ 몇 시간	몇 분~ 몇 시간	몇 분~ 몇 시간
갱신 빈도	일	일	일/주	일	일	정해지지 않음	높은 빈도
전파 매체	PC/ 모바일	PC/모바일	PC/모바일	PC/모바일	PC/모 바일	PC/ 모바일/ VR일체기	PC/ 모바일/ VR일체기
실현 형태	1차원	1차원 /2차원	3차원 /2차원	3차원	3차원	N차원	N차원
대표 기업	룽수샤	웨이보	아이치이	메이파이	YY	창바	

출처: 방정증권연구소(方正证券研究所)

유명 왕홍의 경우 한 곳이 아닌 여러 곳의 인터넷 생방송 플랫폼을 활용하기도 하는데, 인기 왕홍인 papi장은 이즈보, 메이파이, 화자오, 더우위, 유쿠, 바이두, 판다TV와 진르터우탸오 등 8개의 인터넷 생방송 플랫폼에서 동시에 생방송을 진행하기도 하였다.

현재 중국에서 인터넷 생방송 플랫폼은 온라인보다는 모바일을 이용한 개인 방송이 더 큰 인기를 끌고 있다. 인터넷 생방송 플랫폼은 왕홍경제와 팬덤경제가 결합된 가장 대표적인 비즈니스라고 할 수 있으며 중국 인터넷 생방송의 BJ는 왕홍이 대부분을 차지하고 있다. 왕홍이 진행하는 콘텐츠 대부분은 UGCUser-Generated Content의 형태이며 전문 방송 제작자들이 참여하는 콘텐츠인 PGCProfessionally-Generated Content도 유쿠·투더우 등 몇몇 인터넷 동영상 사이트에서 진행되고 있다.

왕홍이 높은 수익을 창출하면서 중국에서도 미국의 비즈니스 모델을 따라서 인기 왕홍과 계약하여 체계적으로 관리하고 수익을 배분하려는 매니지먼트들이 생겨나고 있다. 현재 중국의 1인 방송은 PC 버전보다 모바일 버전이 더 큰 인기를 끌고 있는데, 중국에서 모바일 개인 방송이 더 크게 성장할 수 있는 이유는 3G/4G 사용 환경이 편리해지고 이를 이용하는 인구가 약 7억 명에 이르기 때문이다. 아이루이 조사에 따르면 2015년 기준으로 중국 개인 방송 플랫폼 사용자가 이미 2억 명이 넘은 걸로 추산된다.

현재 중국에서 인터넷 생방송 플랫폼을 통해 생산되는 콘텐츠 수익모델은 크게 3가지로 볼 수 있다. 중국의 인터넷 생방송 수익모델은 다른 나라와 마찬가지로 광고와 시청자들이 보내주는 별풍선과 같은 선물이지만, 이와는 별도로 인터넷 방송과 여러 기업이 협력하여 더욱 다양한 비즈니스 수익 모델 창출을 시도하고 있다. 예를 들어 인터넷 개인 방송 플랫폼인 화자오는 융합 플랫폼 전략으로 100여 곳의 기업과 합작하여 전략적 광고 마케팅을 진행하고 있다.

인터넷 생방송 산업 연관도

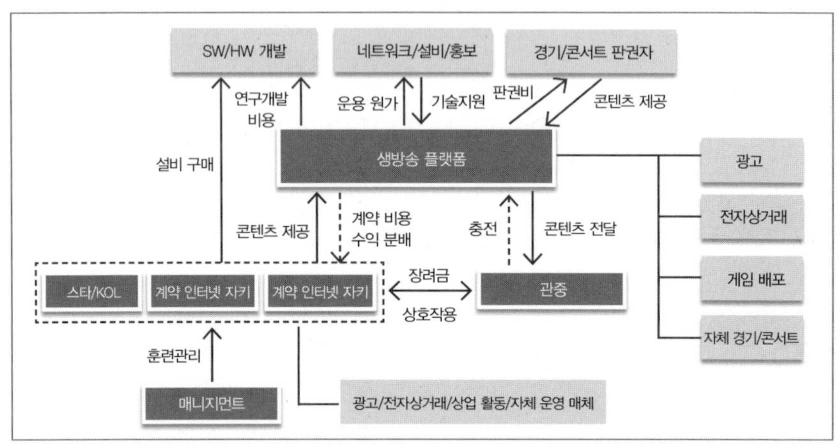

출처: 방정증권연구소

빛이 있으면 어둠이 있듯이 인터넷 생방송 플랫폼의 급속한 성장뒤에는 다양한 문제점도 존재한다. 우선 인터넷 방송이 왕홍과 플랫폼 모두를 성장시킬 수 있는 비즈니스 환경을 만들어야 하지만 현재 중국의 인터넷 방송은 왕홍 개인의 시장 가치만 올리는 형태로 비즈니스 환경이 만들어지는 경향이 강하다. 실례로 중국 유명 왕홍 중 한 명인 BJ 미스가 2016년에 후야 생방송虎牙直播과 3년 계약을 하면서 계약금 1억 위안을 받았는데 실제적으로 그만한 가치가 있는지에 대해서는 업계에서 이견이 많다.

기업의 가치와 가입자를 확보하기 위해 시청자 수를 조작하는 경우도 있다. 중국 대표 온라인 쇼핑몰인 타오바오를 통해서 인터넷 개인 방송 플랫폼의 시청자를 구매할 수도 있다. 실제로 5위안에 1천 명, 10위안에 2천 명 등의 가격으로 판매되고 있다.

2015년 9월에는 중국 e스포츠팀 WE의 팀원이 더우위TV에서 LOL 생중계 중에 해당 생중계방의 관람 인원이 13억 명을 넘어서기도 했다. 그러나 중국 전체 인구가 13억 명인 것을 고려할 때 관람 인원이 이를 넘길 수 없기 때문에 이 사건을 통해 관람 인원 조작이 실제로 존재한다는 것이 밝혀지면서 인터넷 생방송 플랫폼의 회원수에 대한 신뢰도가 떨어졌다. 실제로 팔로워 구매나 시청자 수 조작은 인터넷 방송의 허수 시청자를 양산시켜 인터넷 방송 생태계 전반에 악영향을 미치고 있다.

인터넷 생방송 플랫폼과 관련된 정책과 법률의 부재도 1인 방송 시장의 문제를 막지 못하는 한계 요인이다. 현재 인터넷 생방송 플랫폼이 1인 방송에 대한 자율적 심의 작업을 진행하고 있지만 아직 효과는 미미하다. 급속하게 커지는 시장 속도를 관련 정책이나 법률이 따라가지 못하고 있는 실정이다. 현재까지 마련되어 있는 중국 내 법률과 정책 규정에는 각각의 인터넷 생방송 플랫폼이 실명 인증을 통해 새로운 BJ를 채용해야 하며 18세 이하는 채용이 불가하고 인터넷 개인 방송 상단에는 반드시 워터마크가 필요하다고 되어있다. 그리고 방송된 개인 방송은 15일 동안 저장하고 심의를 받아야 하며 인터넷 생방송 플랫폼에서 1인 방송 관리 감독 인원은 24시간 BJ의 방송 내용 감시를 진행해야 하며 정치, 마약, 폭력 등 불건전한 내용을 방송하는 BJ 블랙리스트를 정리하고 방송을 금지해야 한다는 내용을 담고 있다.

　　정책 및 법률의 미흡함 속에서도 1인 방송에 대한 정부 기관의 감시는 점점 강화되고 있다. 2016년 4월 14일에는 더우위, 후야, YY 등 19개 기업이 문화부 검열을 받은 데 이어 2016년 6월에는 류젠팡六間房, 쿠워酷我, 짜이즈보在直播, 69수69秀, 모모陌陌, 헤이진黑金의 40여 명의 BJ가 불건전 방송 진행으로 1인 방송 영구 정지 조치를 받기도 하였다.

　　정부의 규제와 관리 감독이 강화되면서 규제를 피하기 위한 인터넷 생방송 플랫폼의 자율적 관리감독도 강화되고 있다. 시나웨이보는 2012년 5월 28일 1인 방송에 대한 관리 체계를 확립하고, 사실이 아닌 정보 및 사용자 간의 갈등을 해결하기 위해 인터넷 이용자들로 구성된 위원회를 조직하여 운영하기도 하였다. 특히 중국의 1인방송도 한국과 마찬가지로 폭력성과 선정성이 가장 큰 문제로 지적받고 있는데 2015년 8월 바이두와 시나, 써우후, 아이치이, 러스 등 13개 기업에서 자체적인 검열을 진행하자는 공동성명을 내고 '블랙리스트 BJ'의 활동 규제를 통해 시장의 건강한 발전을 이끌겠다고 다짐하기도 하였다.

　　비록 중국 인터넷 생방송 플랫폼에서 1인 방송이 주목을 받기 시작한 시기는 2013년도로 비교적 늦지만 발전 속도는 매우 빠르다. 1인 방송의 콘텐츠도 다양한 분야로 확장되고 있는데 미용과 음악에 치우치던 방송이 스포츠, 게임, 음식 등으로 영역이 확대되고 있다. 이 중에서 다른 나라와 마찬가지로 중국 인터넷 생방송도 쇼·오락 분야, 게임 분야가 높은 시장 점유율을 기록하고 있다. 1인 방송 플랫폼 측면에서는 텅쉰와 러스, 왕이와 같은 대형 플랫폼뿐만 아니라 1인 방송을 위한 전문 사이트인 환쥐스다이YY欢聚

时代YY와 텐거후둥9158天鸽互动9158 등과 같은 플랫폼도 등장하였다.

2014년 이후 1인 방송 시장을 잡기 위한 관련 업계의 기업 인수 합병도 매우 활발하게 이뤄지고 있다. 완다万达자본과 마윈马云펀드는 러스스포츠에 8억 위안을 투자하였으며 2015년 7월에는 쑹청옌이宋城演艺 기업이 26억 위안을 투자하여 온라인 생방송 플랫폼인 류젠팡을 인수하였다. 특히 1인 생방송 전문 플랫폼 중에서 환쥐스다이가 나스닥에, 텐거후둥이 홍콩 주식시장에 상장하면서 1인 방송 사업이 투자자들에게 더욱 주목을 받기 시작하였다.

5. 1인 방송 플랫폼 콘텐츠

중국 인터넷 생방송 플랫폼의 핵심 콘텐츠는 역시 쇼와 오락 그리고 게임이다. 쇼와 오락 프로그램을 주로 하는 인터넷 생방송 플랫폼은 YY, 라이펑, 9158, 왕이BOBO, 모모, 류젠팡 등이 있다. 게임 중계를 핵심 콘텐츠로 하는 플랫폼은 이미 시장 안정기에 들어섰으며 더우위TV, 후야, 잔치TV, 룽주가 대부분의 시장을 점유하고 있다.

쇼·오락 1인 방송에서는 노래, 댄스, DJ, 토크, 개그 등을 소재로 스타나 일반인이 온라인 생방송 플랫폼을 통해 관객들과 실시간으로 교류하고 있다. 중국에서 쇼·오락 1인 방송이 발전하게 된 배경은 SNS의 동영상화와 동영상 콘텐츠의 SNS화가 이뤄지면서 생겨난 결과라고 볼 수 있다. 예를 들어 창바唱吧는 기존에 MR을 제공하여 온라인 노래방 형태로 서비스를 제공하다 2015년 1인 방송 서비스를 시작하였다. 이렇듯 기존 서비스와 동영상 서비스를 결합하여 1인 방송으로 운영하는 모델이 늘어나고 있다.

리서치 전문 기관인 이관즈쿠에 따르면 중국 쇼·오락 1인 방송 시장의 규모는 2005년부터 지금까지 10년 동안 꾸준한 성장세를 보이고 있다. 초기에는 정책적인 관리 감독과 시장의 부정적 여론으로 여러 어려움을 겪었지만, 2012년 중국 1인 방송 시장의 선두기업인 YY가 상장한 데 이어서 2014년에 9158이 상장하면서 1인 방송 시장은 안정적인 성장세를 이어 오고 있다. 그리고 이러한 성장세는 1인 방송 모델을 체계화, 전문화 시키는 데 크게 기여하였다. 2015년 중국 쇼·오락 1인 시장은 PC에서 모바일로 이동되고 있으며 2016년 중국 내 쇼·오락 1인 방송 시장 규모만도 약 100억 위안을 달성할 것으로 전망된다.

중국 쇼·오락 1인 방송 이용자를 성별로 보면 전체적으로 남성 이용자가 여성 이용자보다 월등히 많다. 이것은 현재 대부분의 1인방송이 여자 BJ가 주를 이루고 있기 때문이다. 중국 쇼·오락 1인 방송 이용자의 연령은 80년대생과 90년대생이 주된 이용자 집단으로 70% 이상을 차지하고 있다. 주요 이용 경로는 PC보다는 모바일을 더 자주 사용하는 것으로 나타난다. 중국 쇼·오락 1인 방송 지역별 이용 분포를 보면 가장 많이 이용하는 도시는 2, 3선 지방 도시다. 2, 3선 지방 도시의 경우 경제가 비교적 안정적이며 도시 건설 초기 단계를 막 끝낸 도시로 외부 여가 및 오락 시설이 부족하다는 특징이 있다. 이용자 직업 분포를 보면 개인사업자를 포함하는 프리랜서와 일반 기업을 다니는 직장인들이 주요 이용자층을 형성하고 있다. 이들은 인터넷 비용을 지불할 수 있는 비교적 안정적인 소비층이다. 또한 비교적 높은 교육 수준과 생활 수준을 가지고 있는 반면 여가 생활을 즐길 시간과 공간이 부족하다는 특징을 가지고 있다.

아이루이에 따르면 2014년 중국 게임 생중계 시장의 규모는 2억 7천만 위안으로 2018년에는 51억 위안이 넘을 것으로 전망된다. 게임은 1인 생중계 미디어의 핵심 콘텐츠로 높은 시장 점유율을 차지하고 있는데, e스포츠가 큰 인기를 끌기 시작하면서 더 많은 사람들이 1인 생중계에 주목하고 있다. 실질적으로 2013년 1,200만 명인 e스포츠 생중계 이용자 규모가 다음 해인 2014년도에는 3,000만 명으로 2배 이상 증가하였다. 2015년부터는 e스포츠 중계뿐만 아니라 일반 게임 중계도 점점 시장을 형성하기 시작하면서 2017년에는 일반 게임 생중계가 e스포츠 시장 규모를 뛰어넘을 것이라 예측된다. 1인 게임 생중계 이용자 분석을 보면 남성이 80%를 차지하고 있으며, 25세에서 30세 사이의 이용자들이 가장 많다. 또한 자녀가 있는 기혼 남성의 참여율이 49%를 차지하고 있는 것도 특징적이다. 게임 선호도는 LOL이 가장 높은 선호도를 보였으며 MOBA 유형의 게임을 가장 선호하는 것으로 나타났다.

6. 모바일 생방송 플랫폼

중국 모바일 생방송 이용자 규모는 2015년 1분기에 9,900만 명 수준이었으나 2016년 1분기에는 1억 8,600만 명으로 전년 동기 대비 90% 증가하였다. 중국방정증권연구소 보고서에 의하면 중국 모바일 생방송 시장은 꾸준히 증가세를 보이고 있으며, 2016년 모바일 생방송 시장의 규모는 26억 위안에 달했고, 2020년 295억 위안으로 10배 이상 성장할 것으로 전망된다.

중국 모바일 생방송 시장 전망

구분	2016(e)	2017(e)	2018(e)	2019(e)	2020(e)
모바일 생방송 시장 규모 (억 위안)	26	73	138	229	295
전체 생방송 시장 규모 (억 위안)	150	239	346	484	600

출처: 방정증권연구소

모바일 3G/4G 사용 환경이 좋아지면서 모바일 생방송의 시청이 편리해졌다. 또한 PC 기반보다 다양한 콘텐츠 접목이 가능하고 네트워크 비용도 PC 기반에 비해 1/3~1/2 수준으로 낮아짐에 따라 1인 생방송 진행자와 가입자가 꾸준히 증가하고 있다.

PC 생방송과 모바일 생방송 비교 분석

구분	PC 생방송	모바일 생방송
설비	고정 장소	언제 어디서나
비용	대역폭 비용 높음	대역폭 비용 PC의 1/3~1/2, 업로드 비용이 지속적으로 저렴해지고 있음
내용	주로 음악, 댄스, 토크쇼, 게임, 교육, 체육 등이 주제	기본의 주제 이외에 음식, 여행, 쇼핑 등 다원화된 생활 주제로 콘텐츠 생산량이 더 많음
방송	전문 직업 또는 전문가가 방송을 겸하고 매일 일정 시간 진행	일반적으로 개인 취미 생활자들이고 생방송이 비교적 수시로 진행됨

출처: 방정증권연구소

2015년 5월 기준으로 모바일 생방송 어플리케이션 점유 순위를 보면 YY, 더우위, 잉커, 후야, 화수 순으로 나타났으며 모바일 생방송 가입자의 성별 분포를 살펴보면 게임 생방송과 체육 생방송 그리고 예능 생방송 모두에서 남성 가입자가 여성 가입자보다 높게 나타났다.

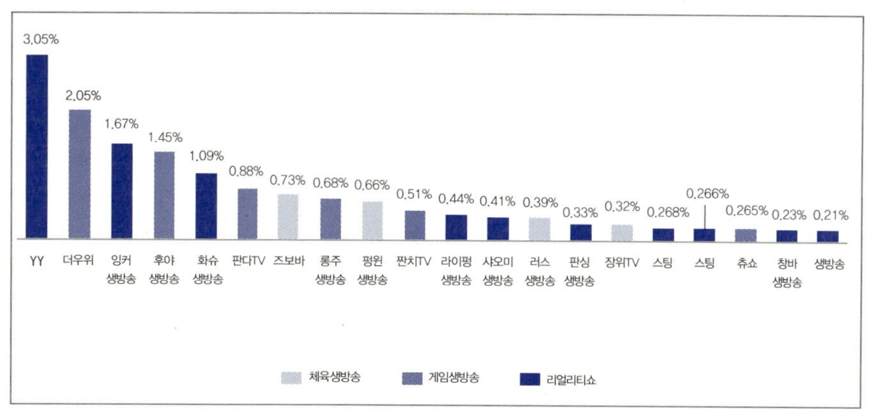

출처: 이관즈쿠

게임 생방송에서는 남성 비율이 68.6%, 체육 생방송에서는 남성 비율이 67.1%, 오락 프로그램에서는 남성 비율이 54.3%로 나타났다. 생방송 가입자의 연령별 분포를 살펴보면 게임 생방송, 체육 생방송, 예능 생방송 모두에서 26~35세의 분포가 50% 이상으로 압도적인 가입자 비율을 보였다.

2016 모바일 생방송 가입자 연령별 분포

구분	25세 이하	26~35세	36~45세	46세~55세	55세이상
체육 생방송	21.9%	55.3%	16.3%	3.8%	2.7%
게임 생방송	23.8%	54.2%	16.6%	3.5%	1.8%
예능 생방송	24.0%	54.2%	16.9%	3.2%	1.7%

출처: TalkingData

7. 1인 방송 플랫폼 기업

현재 중국 1인 방송 플랫폼의 선두 주자는 YY와 9158를 들 수 있다. 선두 기업은 풍부한 콘텐츠와 이용자 그리고 우수한 자금 동원 능력을 기반으로 시장 점유율을 높이고 있다. 인터넷 생방송 기술과 운영 능력 또한 뛰어나며 유료 고객으로의 전환도 빠르게 이뤄지고 있다.

① 환쥐스다이 YY 欢聚时代YY, http://www.yy.com

중국에서 가장 먼저 1인 방송 서비스를 선보인 기업으로, YY오락은 쇼·오락 1인 방송이 핵심 콘텐츠로 운영되고 있다. 뿐만 아니라 둬완 多玩 게임, 후야 생방송과 같은 게임을 핵심 콘텐츠로 하는 1인 방송 플랫폼도 따로 운영하고 있다. 그 중 YY오락은 인기 BJ의 팬덤 경제를 이용하여 Yo상점 Yo商城, http://yo.yy.com 연동 서비스를 제공하고 있다. Yo상점은 YY생방송의 BJ들을 소개할 뿐만 아니라 식품, 옷, 디지털 상품 등을 판매하고 있다. YY생방송은 이러한 파생 상품을 통해 사업 범위를 점차 확장하고 있다. 환쥐스다이의 영업 수입은 주로 스트리밍 음악과 오락 부분에서 나온다.

② 9158 http://www.9158.com

모기업은 톈거후둥으로 온라인 노래방을 표방한 플랫폼이다. 톈거후둥의 2015년 상반기 영업 수익은 3억 7200만 위안으로 이 수치는 전년 대비 8% 증가한 것이다. 2015년 이후 톈거후둥은 게임 산업과 모바일 의료 서비스로 사업 영역을 넓혀 가고 있다. 2005년 9158 서비스로 시작하여 2014에는 홍콩 주식에 상장하였다.

③ 류젠팡六间房, http://www.6.cn

유튜브를 모델로 사업 영역을 확장시키고 있는 플랫폼이다. 원래 기획한 서비스 형태는 1인 방송이 아닌 사용자들이 제작하고 편집한 '오리지널 동영상을 제공하는 플랫폼이었다. 류젠팡은 현재 전세계 500대 IT기업뿐만 아니라 중국 20대 기업에도 이름을 올렸다. 이용자는 1,000만여 명이며 1일 IP는 500만여 명을 초과한다. 2015년에 쑹청연예宋城演艺에 인수된 이후 사업 분야가 다양해지면서 엔터테인먼트와 관련된 O2O 비즈니스 모델로도 사업을 확장하고 있다.

④ 과과呱呱, http://www.guagua.cn

텅쉰와 광셴光线미디어를 투자한 1인 방송 플랫폼이다. 2012년 10월에 광셴미디어가 과과를 운영하는 치쥐齐聚테크놀러지유한공사에 투자하였고 2013년 과과 회원이 7500만 명을 넘어서자 텅쉰이 투자에 참여하면서 외형을 확장하고 있다.

⑤ KK창샹KK唱响, http://www.kktv1.com

1인 방송 미디어 산업의 선두 주자로 YY, 9158, 류젠팡과 함께 1인 방송 경쟁 환경을 주도하고 있다. KK창샹은 개인 방송 BJ의 '현재 기분'과 '작품 클릭', '단체 토크' 등 여러 가지 SNS기능을 추가함으로써 다른 플랫폼과 차별화를 추구하였다. 콘텐츠도 UGC뿐만 아니라 PGC도 제공하고 있어 소비자들의 다양한 질적 요구 또한 만족시켜주고 있다. KK창샹은 온라인 1인 방송뿐만 아니라 온라인 광고, 온라인 티켓 판매, 공연 O2O, 자체 제작 프로그램 등 다양한 비즈니스 모델 또한 구축하고 있다.

⑥ 왕이BOBO网易BOBO, http://www.bobo.com

왕이BOBO는 중국인들에게 잘 알려진 왕이 브랜드 파워를 기반으로 초기에 많은 엔터테인먼트 자원을 끌어들였다. 특히 BJ들에게 돌아가는 이윤을 높여 인기 BJ들이 주도적으로 모일 수 있는 환경을 조성하고, 중국 최초의 여성 전문 SNS 미디어인 루이리왕瑞丽网과 협력하여 'BOBO 루이리왕 여자 BJ'라는 특별 카테고리를 개설함으로써 차별화를 시도하였다.

⑦ 쿠거우 생방송酷狗, http://fanxing.kugou.com

중국 최대 음악 사이트인 쿠거우酷狗가 2012년에 설립한 1인 방송 플랫폼이다. 쿠거우은 4억 5천만 명의 이용자를 보유하고 있으며 쿠거우 생방송은 쿠거우 사용자들을 1인 방송 플랫폼에 대거 유입시키는 한편 음반 기업과 가수들 간의 관계를 긴밀하게 유지함으로써 음악과 관련된 수직적이고 즉각적인 서비스가 가능하도록 만들었다. BJ 음악 듣기, 수다 떨기, 가상 선물 보내기 등 BJ들과 적극적인 교류가 가능한 것이 특징이다. 쿠거우 생방송은 스타들과의 이벤트뿐만 아니라 자체 플랫폼을 통해 인기 BJ가 되고 실제로 가수가 되어 음반을 제작하는 사례도 생겨나면서 브랜드 파워가 점차 강화되고 있다.

⑧ 궈쟝생방송果酱, http://www.guojiang.tv

미소년들을 BJ로 내세워 차별화를 두고 2015년 서비스를 시작하였다. 중국 대부분의 1인 방송 플랫폼은 여성 BJ가 대부분이기 때문에 여성 소비자들의 흥미를 끌지 못했다는 점에 있어 궈쟝생방송이 내세운 '꽃미남' BJ 전략은 시기적절한 비즈니스라고 평가받았다.

⑨ 모모현장陌陌现场, https://www.immomo.com

모모陌陌에서 내놓은 1인 방송 미디어로 2015년 9월 7일에 서비스를 시작하였다. 음악을 주요 콘텐츠로 하고 있으며 일반인들의 1인 방송 이외에도 가수들의 콘서트 현장 중계 서비스를 제공하여 팬들이 자막을 통해 스타와 교류가 가능하도록 하였다. 중국판 〈나는 가수다〉와 〈복면가왕〉 등에서 음악 감독으로 활약하며 유명해진 음악 제작자인 량차오보梁翘柏의 수석 콘텐츠 관리관 위임으로 유명세를 타기도 하였다.

⑩ 라이펑来疯, http://www.laifeng.com

중국 최대 동영상 플랫폼인 유쿠투더우 산하의 1인방송플랫폼이다. 라이펑에서만 제공되는 서비스인 〈The Show〉는 중국 동영상 사이트와 한국 SBS플러스가 공동으로 제작한 음악 프로그램이다. 라이펑 회원은 해당 프로그램의 순위 투표에도 참여할 수 있다. 라이펑 음악 현장来疯音乐现场은 음악 현장 생방송와 1인 방송이 결합된 모델로 O2O로 진행되는 음악 서비스다. 베이징에 위치한 유명한 라이브 바인 난뤄구샹지기타바南锣鼓巷吉他吧와 허우하이주바后海酒吧 등과 협약을 맺어 서비스를 제공하고 있다. 라이펑은 2014년 8월에 인기 BJ 뤄융하오罗永浩와 왕쯔루王自如를 메인으로 1인 방송 역사상 처음으로 토론 콘텐츠를 시도하기도 하였다.

⑪ 치슈奇秀, http://x.pps.tv

중국 최대 동영상 사이트인 유쿠투더우에서 운영하는 1인 방송 플랫폼이다. 유쿠투더우를 통해 유입된 이용자들이 대부분으로 일반인들이 콘텐츠를 만드는 UGC 형식으로 운영되고 있다. 1인 방송 시장에 뛰어든 시기가 길지 않아 현재까지는 차별화된 서비스가 많지 않다. 현재 치슈는 아이치이 및 PPS와 결합하여 우수 자원을 끌어모을 예정이며 이를 통해 다른 1인 방송 플랫폼과의 차별화를 추구할 것으로 보인다.

⑫ 더우위TV斗鱼, http://www.douyutv.com

2014년 1월 1일에 설립한 기업으로 중국에서 가장 먼저 게임 생중계를 시작한 플랫폼이다. 더우위TV가 게임 생중계 서비스를 시작하면서 높은 개런티로 인기 프로게이머를 영입하였다. 이러한 유명 선수 영입 과정을 통해 브랜드 가치를 한 단계 상승시키면서 게임 생중계를 중심으로 스포츠, 개인 방송, 엔터테인먼트 등 다양한 콘텐츠를 확보함으로써 게임 생중계 시장의 절대 강좌로 군림하고 있다.

⑬ 후야 생방송虎牙直播, http://www.huya.com

2005년에 설립된 IT 기업 환쥐스다이 산하의 생방송 플랫폼으로 기존에는 YY에서 통합되어 운영되다가 2014년 11월 24일부터 후야 생중계라는 이름을 걸고 단독 서비스를 진행하고 있다. 게임 생중계를 핵심 콘텐츠로 하고 있지만 먹방, 개인 방송, TV 생중계, 쇼케이스 중계, 스포츠 경기 중계 등 다양한 콘텐츠를 보유하고 있다.

⑭ 잔치TV战旗TV http://www.zhanqi.tv

2014년 5월에 정식 서비스를 시작한 기업으로 게임을 핵심 콘텐츠로 운영하고 있으며 그 밖에도 스포츠, 개인 방송, 엔터테인먼트 등 다양한 콘텐츠를 제공하고 있다. 2015년까지 집계된 회원수는 114만 명으로 더우위TV 다음으로 많은 회원을 보유하고 있다.

⑮ 룽주 생방송龙珠直播, http://www.longzhu.com

2015년 2월 1일 설립한 기업으로 텅쉰에서 기존에 운영하던 게임 생방송 플랫폼인 'TGA'의 명칭을 '룽주'로 변경하고 2015년 2월 1일에 새롭게 게임 중계 방송 서비스를 시작하였다. 서비스를 시작한지 1년도 채 되지 않는 짧은 기간 동안 39만 6천명의 회원수를 보유하며 빠르게 성장하고 있는 룽주 생방송은 2015년 2월 첫 서비스와 동시에 한국 e스포츠 협회인 KeSpa 산하의 7대 프로 선수팀의 중국 내 독점 방영권을 획득하여 운영하고 있다.

8. YY 계정 생성 및 생방송

1인 방송 플랫폼은 간단한 절차만 통과하면 가입할 수 있다. 1인 생방송 플랫폼의 대표 주자인 YY 계정을 개설하고 생방송을 진행하는 방법을 알아보자. YY 계정은 휴대폰 번호를 이용해서 개설할 수 있다. 휴대폰 번호를 이용해서 YY 계정을 만들어 사용하는 방법과 웨이보나 웨이신, QQ 계정을 이용해 YY를 이용하는 방법을 살펴보자.

우선 웹 주소창에 'YY 홈페이지www.yy.com'를 입력하고 홈페이지가 열리면 '등록注册'을 클릭한다.

YY 홈페이지

기존에 웨이신이나 QQ 또는 웨이보 계정을 가지고 있는 경우에는 계정 중 하나를 선택하여 등록할 수 있다. 웨이신으로 선택하여 등록하는 방법을 살펴보자. '웨이신 계정 등록微信账号等绿'를 클릭한다.

YY 계정등록

QR코드 스캔 화면이 나오면 휴대폰 웨이신 검색 항목에 들어가서 QR코드 스캔 항목을 열고 스캔한다.

YY 등록 QR코드 스캔

스캔이 완료되면 스캔한 휴대폰에 로그인하라는 화면이 뜬다.

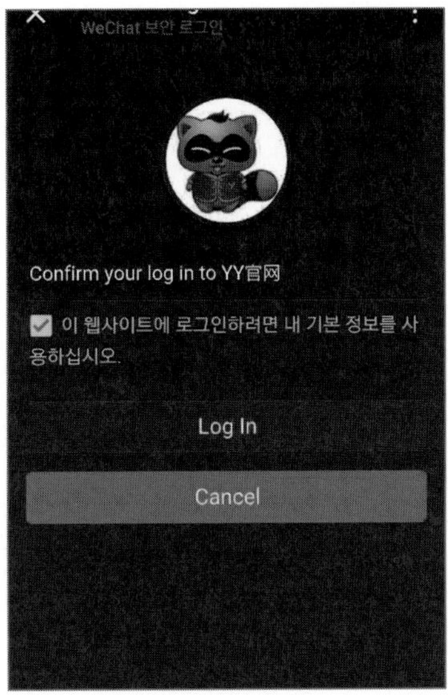

모바일 YY 로그인

휴대폰에 뜬 로그인을 클릭하면 YY 등록이 끝난다. YY 등록 화면에 필자의 이름으로 등록이 완료된 것을 확인할 수 있다.

웨이신이나 웨이보 또는 QQ 계정이 없다면 휴대폰 번호를 사용해서 직접 등록할 수 있다. 초기 등록 화면에서 휴대폰 번호와 비밀번호를 입력한 후에 다시 한 번 비밀번호를 입력하고 '계정 등록 동의同意登录账号' 버튼을 클릭하면 된다. 휴대폰 번호를 이용해서 등록할 경우에는 한국 휴대폰 번호는 사용할 수 없다.

YY 휴대폰 등록

휴대폰 검증 번호를 입력하라는 화면이 나오면 휴대폰 번호로 전달된 검증 번호를 입력하고 '다음下一步'을 클릭한다. 계정 등록 성공화면에서 아래쪽에 '즉시 등록立即登录'을 누르면 사이트 등록이 완료된다.

YY 휴대폰 등록이 완료된 화면

휴대폰이나 기존에 등록된 SNS 계정을 통해 등록을 완료했으면 이제 YY에서 통용되는 화폐인 'Y비Y币'를 충전해 보자. YY 첫 화면에서 'YY충전YY充钱'을 클릭한다.

충전 화면이 나타나면 원하는 금액을 입력한 후 본인이 원하는 지불 방법을 선택한다. 예를 들어 즈푸바오를 선택하고 '제출提交' 버튼을 클릭한다.

YY비 전자 결제

즈푸바오 QR코드 스캔이 나타나면 즈푸바오 어플리케이션에서 QR코드 스캔 화면을 열어서 스캔한 후에 출금 비밀번호를 입력하면 Y비 충전이 완료된다. 충전 후 '나의 계좌我的账号'에 들어가면 충전된 금액을 확인할 수 있다.

YY비 즈푸바오 결제 QR코드

그럼 이제 YY를 활용하여 생방송을 진행하는 방법을 살펴보자. 우선 YY 어플리케이션을 휴대폰에 설치한 후에 실행하면 '개인 중심个人中心' 버튼이 있다.

YY 모바일 APP 첫 화면　　　　YY 모바일 APP 개인 중심 메뉴

개인 중심에 들어가 '나의 생방송我的直播'을 클릭한다.

생방송을 시작하는 화면이 열리는데, 여기서 '즉시 방송立即开播'을 클릭한다.

생방송을 시작하기에 앞서 생방송 주제를 입력하고 촬영 각도를 맞춘 후 '생방송 시작开始直播'을 클릭하면 생방송이 시작된다.

YY 모바일 APP 나의 생방송 초기 화면　　　　　YY 모바일 생방송

중국판 카카오톡, 웨이신(微信) 마케팅

1. 웨이신(微信, Wechat) 마케팅

웨이신微信은 텅쉰이 2011년 출시한 중국판 카카오톡이다. 텅쉰에서 발표한 〈2016년 웨이신 영향력 보고서腾讯发布2016年最新微信影响力报告〉에 따르면 웨이신의 월간 이용자 수는 7억 6,200만 명을 돌파했으며, 개설된 계정 수는 1,000만 개, 기업 계정은 56만 개다.

중국 소비자들은 간단한 소통은 대부분 웨이신을 통해서 해결한다. 7억 6천만 명의 가입자가 사용하다 보니 웨이신을 사용하지 않고는 지인들끼리 소통하기도 쉽지 않다. 지속적으로 커뮤니케이션을 원하는 상대를 만나면 명함을 건네기 보다는 바로 웨이신 ID를 물어보는 경우가 많다. 웨이신을 사용하지 않으면 시대에 뒤떨어지고 사회성이 결여된 듯한 느낌이 들게 만드는 것이 중국 SNS 웨이신의 위력이다.

웨이신은 다양한 방법으로 폭넓은 사용자 층을 확보하고 있다. 서비스를 개시한 지 6개월 만에 2억 명의 사용자를 확보하였는데, 이는 텅쉰의 메시징 플랫폼인 QQ를 포함한 다른 메시징 플랫폼 사용자들을 웨이신으로 유인하는 데 성공하였기 때문이다.

웨이신이 보이스 메일 서비스를 제공하여 문자를 보내고 받는 데 익숙하지 못한 소비자를 배려한 것도 사용자를 유인하는 데 영향을 미쳤다. 보이스 메일링은 무전기와 같이 한 방향에서 보이스 메시지를 남기면 상대편에서 이를 듣고 다시 보이스로 대답할 수 있는 서비스이다. 이 서비스가 개시되면서 기존 웨이신 이용자들의 편의성이 높아졌을 뿐만 아니라 문자를 모르거나 문자 입력에 어려움을 겪는 소비자들도 쉽게 웨이신을 사용할 수 있게 되어 소비층이 확대되고 가입자가 대폭 증가하였다.

웨이신은 초기에 보안에 강한 서비스라는 인식을 소비자에게 심어주었다. SNS 발전에 있어 보안이 가장 중요한 요소가 될 것임을 예견하고 초기에 웨이신 서비스가 오픈 서비스가 아닌 개인적인 관계를 지향하는 서비스임을 마케팅 포인트로 강조하였다. 무작위적으로 사용자들에게 공개되는 웨이보와는 다르게 개인의 사생활을 보호하는 커뮤니케이션 SNS라는 브랜딩에 성공함으로써 웨이신은 개인 사생활을 중요시하는 소비자들에게 관심과 신뢰를 얻었다.

개인적인 사생활 보호와 더불어 사회적인 관계를 손쉽게 확대할 수 있는 장치도 마련하였다. 일정 범위 안에 있는 웨이신 사용자들과 사회적 교류를 이어갈 수 있는 기능을 추가함으로써 사용자들이 좀 더 손쉽게 사회적 관계를 만들고 교류 범위를 넓혀 나갈 수 있는 기회를 제공함으로써 자연스럽게 사용자 수를 증가시켰다.

멀티미디어 기능도 강화하였다. 사진이나 비디오뿐만 아니라 문서도 손쉽게 주고 받을 수 있도록 하였다. 또한 이모티콘은 웨이신에서 제공한 것은 물론 스스로 제작해서 사용할 수도 있도록 하였다. 이로 인해 개성을 중요시하는 소비자들의 웨이신 사용이 증가하였다. 음성 전화 서비스뿐만 아니라 화상 전화 서비스를 도입합으로써 멀리 떨어져 있는 가족이나 친구와의 화상 커뮤니케이션을 원하는 소비자를 웨이신 사용자로 끌어들였다. 아울러 젊은층을 중심으로 폭발적인 환영을 받고 있는 게임을 웨이신 서비스에 발빠르게 적용함으로써 게임 사용자들의 환영을 받았다.

웨이신은 커머셜 플랫폼으로 발전하면서 기업 단위의 웨이신 참여를 대폭 확대시켰다. 웨이신을 통해 브랜드나 상품을 알리고 다양한 이벤트를 진행할 수 있게 되었다. 사용자들은 기업이 제공하는 이벤트를 통해 다양한 혜택을 누릴 수 있게 되면서 개인 웨이신 사용자와 기업 웨이신 사용자가 상호 윈윈할 수 있는 플랫폼으로 성장하였다.

소위 웨이신 마케팅이라고 하면 웨이신에 있는 커머셜 플랫폼을 활용해서 마케팅을 전개하는 것을 의미한다. 웨이신을 마케팅 플랫폼으로 활용한다는 것은 기업이 웨이신 계정을 개설하고 브랜드와 상품에 관련한 소식과 정보를 소비자들에게 제공하는 것은 물론 판매 및 영업 행위를 하는 것을 뜻한다.

이렇듯 웨이신은 단순한 메시지 전달 기능뿐만 아니라 커머셜 기능 또한 강화된 SNS다. 커머셜 기능은 공공 계정으로 활용할 수 있다. 웨이신은 크게 일반 계정과 공공 계정 두 가지로 나누어지는데 일반적으로 간단하게 채팅 기능을 이용해 주변인들과 커뮤니케이션하는 것은 일반 계정으로 가입하여 사용하고, 기업이 마케팅을 목적으로 웨이신의 좀 더 다양한 기능을 사용하기 위해서는 공공 계정으로 가입하여야 한다. 공공 계정에서는 고객 관리, 단체 발송, Q&A 등 상업적으로 웨이신을 활용하는 데 도움이 되는 다양한 기능을 사용할 수 있기 때문에 기업이 웨이신 이용자를 대상으로 마케팅을 좀 더 수월하게 전개할 수 있다.

2. 웨이신 일반 계정 개설

웨이신은 누구나 쉽게 다운로드할 수 있는 무료 서비스다. 때문에 소비자들은 부담 없이 웨이신을 사용할 수 있다. 또한 안드로이드, 아이폰 등 여러 기종의 스마트폰에서 사용할 수 있도록 여러 소프트웨어를 제공하고 있으며, 기능 또한 다양하기 때문에 중국인뿐만 아니라 외국인들에게도 사랑받고 있다.

그럼 우선 웨이신 일반 계정을 개설해 보자. 일반 계정을 개설하는 경우 텅쉰의 QQ 계정이나 휴대폰 번호를 이용해서 손쉽게 개설할 수 있다. 중국 바이두 사이트와 휴대폰 번호를 이용해서 웨이신 계정을 개설하는 방법을 살펴보자

우선 휴대폰 웹 주소창에 바이두 홈페이지www.baidu.com를 입력하고 'wechat'을 검색한다. 바이두가 아니라 앱스토어나 플레이스토어 등 어플리케이션을 다운로드 받을 수 있는 사이트에 접속해서 'wechat'을 입력해도 된다.

웨이신 검색 결과 화면에서 바이두 소프트웨어를 다운 받기 위해서 '다운로드 진입进入下载'을 클릭한다.

휴대폰 바이두 'wechat' 검색 결과	'wechat' 다운로드

다운로드 화면이 열리면 '고속 다운로드高速下載'를 클릭한다.

웨이신이 휴대폰에 설치되면 프로그램을 실행하고, '등록注冊'을 클릭한다. 휴대폰 번호와 QQ 계정으로도 등록이 가능하다.

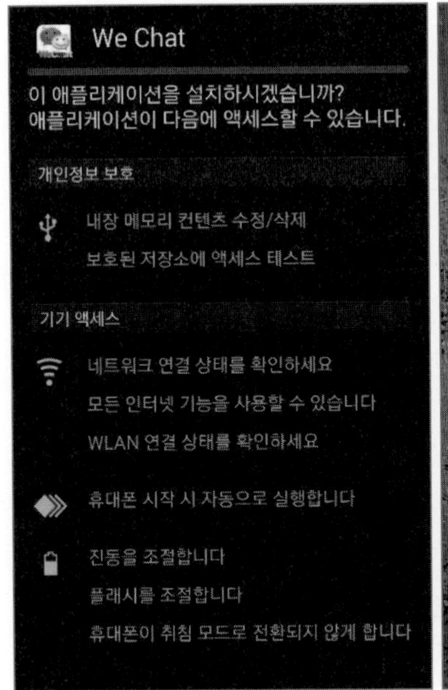

'wechat' 설치

'wechat' 아이콘

한국 휴대폰 번호로도 등록이 가능한데, 입력하기 전에 국가번호와 국가명을 먼저 선택해야 한다. 입력을 끝내고 '다음下一步'를 클릭하면 웨이신 계정이 개설된다.

모바일 웨이신 계정 등록   웨이신 계정 휴대폰 번호

3. 웨이신의 기능과 활용

웨이신은 커뮤니케이션 및 마케팅을 위한 다양한 기능을 제공한다. 주요 기능을 살펴보자. 우선 음성 메시지 문자 전환 기능이다. 이 기능은 음성을 메시지로 전환해 주는 기능으로 문자를 송수신하는 데 익숙하지 못한 중장년 층에게 폭발적인 인기를 얻은 기능이다. 웨이신은 화상 통화 기능도 제공한다. 이 기능은 웨이신으로 상대방과 얼굴을 보며 화상 통화를 할 수 있는 기능으로 멀리 떨어져 살고 있는 가족이나 친구가 있는 사용자에게 인기가 높다. 채팅 기능은 메뉴에서 채팅을 하고자 하는 상대를 클릭하고 문

자나 보이스로 메시지를 전달하면 된다. 대화창에서 음량 표시를 누른 상태에서 말을 하고 누른 손을 떼면 상대방에게 음성 메시지가 전달된다. 화상 통화는 채팅창에서 + 기호를 클릭하면 열리는 하단 창에서 화상 통화 메뉴를 클릭하면 된다.

웨이신 화상/음성 통화 기능

웨이신은 주변 탐색 기능도 제공한다. 이 기능은 위치 정보를 활용하여 이용자에게 도움이 될만한 정보를 제공해 주는 기능으로, 처음 방문한 지역에 익숙하지 못한 이용자들에게 유용하다. 웨이신에는 흔들기 기능이 있다. 이 기능은 주변에 있는 웨이신 이용자들을 찾는 데 사용하는 기능이다. 식사를 하거나 쇼핑할 때등 언제 어디서나 흔들기 기능을 사용하는 것은 이제 유행이 되었다. 낯선 사람들과도 쉽게 교류를 할 수 있어 사회적 교류가 필요한 사용자들에게 인기 있는 기능이다. 웨이신의 또 다른 강력한 기능 중에 하나가 바로 QR코드 기능이다. 이 기능은 친구 추가, 자료 및 정보 검색이 가능한 기능으로 편리성을 추구하는 웨이신 사용자들에게 환영받고 있다. 웨이신은 모멘트 기능도 제공한다. 이 기능은 사용자가 공유하고 싶어하는 소식을 수시로 사용자의 친구에게 알려주는 기능으로, 특히 사진이나 정보를 타인에게 공유하고 싶어 하는 사용자들에게 인기 있는 기능이다. 주변 탐색, 흔들기, QR코드, 모멘트 기능은 검색 메뉴를 클릭하면 사용할 수 있다.

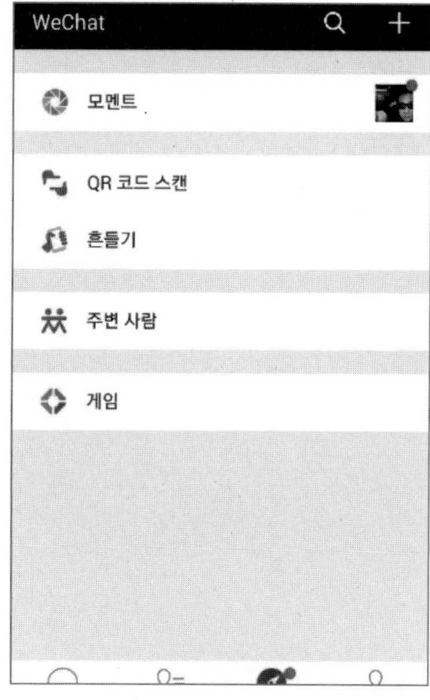

웨이신 QR코드, 모멘트 기능

웨이신은 온라인 결제 서비스를 제공한다. 이 기능은 웨이신에서 제공하는 결제 시스템으로 모바일 결제를 실행하는 것이다. 웨이신의 기업 공공 계정 활성화로 상품을 사고팔 수 있는 시스템이 강화되고 많은 웨이상들이 생겨나면서 상품 구매를 원하는 웨이신 이용자들에게 편의성을 제공한 기능이다. 이 기능은 웨이신 메뉴에서 '나' 메뉴를 열고 '내 지갑' 메뉴를 클릭하면 사용할 수 있다.

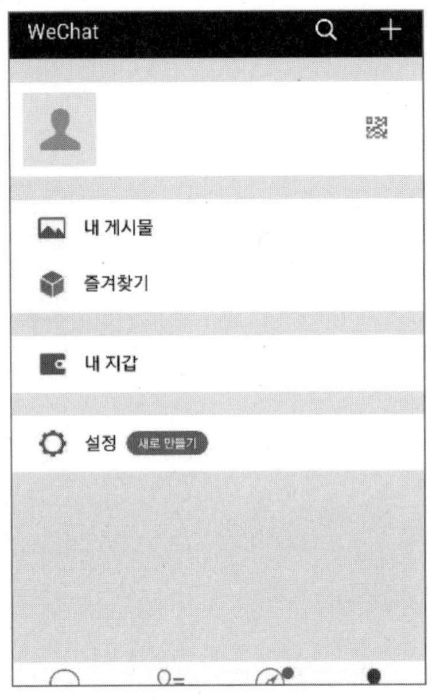

웨이신 QR코드 내 지갑 기능

웨이신은 PC 버전도 있다. 이 기능은 키보드를 이용해서 더 편리하게 채팅할 수 있어 웨이신 사용량이 많거나 모바일에 익숙하지 못한 웨이신 활용자들에게 인기가 높다.

4. 웨이신 PC 버전 설치

웨이신은 PC 버전을 설치하여 모바일과 연동할 수 있다. PC 버전 설치는 우선 바이두 검색창에 '웨이신 PC판微信电脑版', 또는 'wechat pc version'을 입력하면 소프트웨어를 다운받을 수 있는 창이 뜨는데 소프트웨어 다운로드 창이 열리면 '즉시 다운로드立即下载'를 클릭한다.

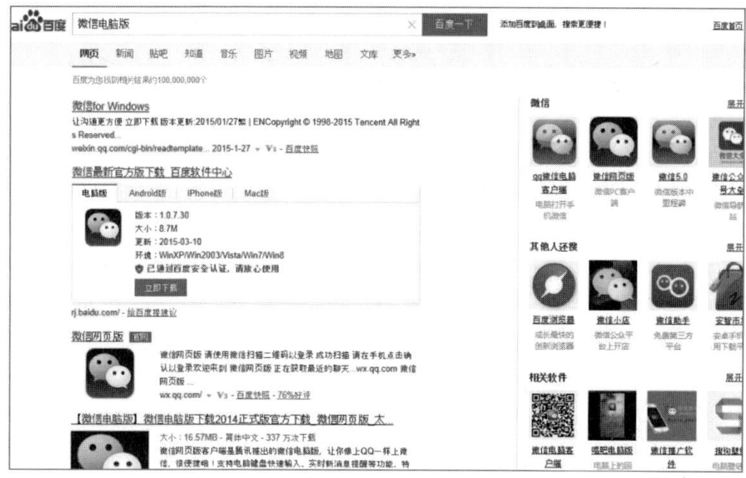

바이두 웨이신 PC 버전 검색 결과

소프트웨어를 다운로드 하겠느냐는 물음에 'YES'를 클릭하고, 웨이신 PC 버전 프로그램 설치창이 열리면 '웨이신 설치安装微信'를 클릭한다.

웨이신 PC 버전 설치 과정

설치가 진행되면서 QR코드가 나오는데 웨이신의 메뉴 중에 'QR코드 스캔'을 선택하여 PC상의 QR코드를 스캔한다. QR코드 스캔이 끝나면 휴대폰에 '윈도우 버전 웨이신에 로그인 하시겠습니까?' 라는 질문과 함께 'Log in On Windows'라는 메뉴가 보이는데 이 메뉴를 클릭하면 웨이신 윈도우 버전 설치가 완료된다.

컴퓨터에 웨이신 윈도우 버전이 설치되면 웨이신 모바일 버전과 같이 대화 상대를 클릭하여 채팅을 할 수 있다.

PC 로그인 승락 화면

웨이신 PC버전

5. 웨이신 공공 계정 생성

웨이신 공공 계정微信公众平台은 중국 온라인 마케팅에서 가장 환영받는 마케팅 방법 중에 하나다. 웨이신 공공 계정을 보유하고 있으면 웨이신을 사용하는 7억 명에 이르는 가입자에게 기업의 브랜드나 상품을 소개할 수 있는 기회를 가질 수 있기 때문이다. 웨이보에 팔로워가 있듯이 웨이신에서도 팔로워를 만들 수 있다. 차이점이 있다면 웨이보에서는 팔로워가 추가되면 다른 웨이보 이용자들도 팔로워를 같이 볼 수 있는 것과 달리 웨이신은 자신이 팔로워한 공공 계정만 확인할 수 있을 뿐 다른 사람이 팔로워한 공공 계정을 확인할 수 없다는 점이다. 웨이신은 특히 결제 시스템을 지원하기 때문에 기업이 공공 계정에서 상품을 판매할 경우 웨이신 사용자가 편리하게 상품을 구매할 수 있는 시스템을 갖추고 있어서 기업 마케팅을 하는 이들에게 인기가 폭발적이다.

웨이신에는 개인 공공 계정과 기업 공공 계정이 있다. 기업이 기업 공공 계정을 만들 경우에는 기업 자료와 기업 공공 계정을 관리할 운영자에 대한 자료가 필요하다. 공공 계정은 일반 계정의 아이디나 비밀번호를 이용해서 사용할 수가 없고 새로운 아이디와 비밀번호로 계정을 다시 개설해야 한다. 일반 사용자가 아닌 기업이나 기관 또는 유명인들을 위해 기능을 특화해서 만들어진 플랫폼이기 때문에 일반 계정을 개설하는 것보다 가입 절차가 다소 복잡하다. 그리고 웨이신의 기업 공공 계정은 중국에 영업집조, 즉 한국의 사업등록증에 해당하는 서류가 있어야 개설이 가능하다. 한국 사업등록증으로는 계정을 개설할 수 없다.

그럼 웨이신 공공 계정을 만드는 방법을 살펴보자. 우선 인터넷 주소창에 웨이신 공공 계정 주소인 'https://mp.weixin.qq.com'를 입력하면 공공 계정을 등록할 수 있는 창이 열린다. 창이 열리면 '즉시 등록立即注册'을 클릭한다.

웨이신 공공 계정 등록

'기본 정보基本信息' 페이지가 열리면 이메일과 비밀번호를 입력하고 비밀번호 확인을 위해 비밀번호를 재입력하고 검증 번호를 입력한 후 '등록注冊'을 클릭한다. 그러면 입력한 이메일 주소로 승인 확인 메일이 발송된다.

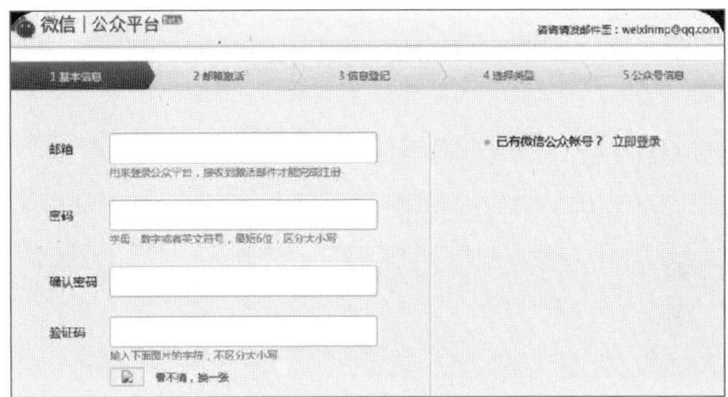

웨이신 공공 계정 비밀번호 설치

입력한 이메일 주소의 메일함에서 웨이신에서 발송된 승인 확인 메일을 열고 메일 내용에 첨부된 URL을 클릭한다.

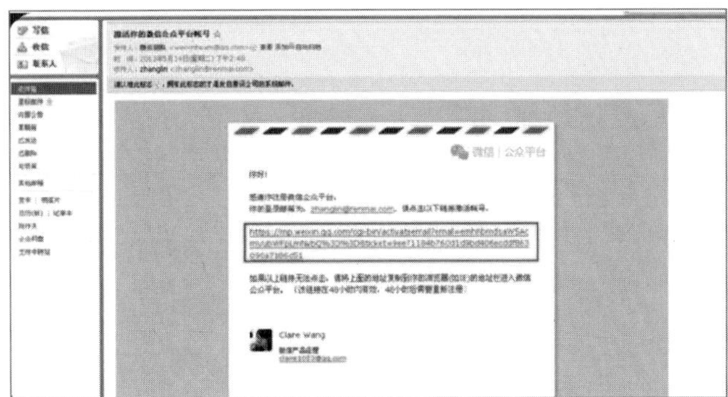

웨이신 공공 계정 등록 확인 메일

이메일에 포함된 URL을 클릭하면 '정보 등록信息登记' 창이 열린다. '정보 등록' 창이 나타나면 개인/기업 중에서 선택하고 사이트에서 요구하는 내용들을 사실에 근거하여 입력한다. 정보들을 입력한 후 공공 계정의 형태를 '구독형订阅号', '서비스형服务号' 중에서 선택한다.

웨이신 공공 계정 등록 유형 선택

공공 계정 형태까지 선택을 마치면 마지막으로 '공공 계정 정보' 창이 열린다. 계정 명칭과 설명 그리고 운영 지역과 언어 등에 대한 정보를 입력하고 '완성完成'을 클릭한다.

웨이신 공공 계정 기본 정보 등록

공공 계정 개설 축하 화면에서 '웨이신 공공 플랫폼前往微信公众平台'
버튼을 클릭하면 웨이신 공공 계정 완료 화면이 열린다

웨이신 공공 계정 플랫폼

6. 웨이신 공공 계정 분류 및 특징

웨이신에 개설하는 공공 계정은 크게 구독형과 서비스형으로
구분된다. 웨이신 공공 계정을 개설할 경우 이 두 가지 중에서 하
나를 선택할 수 있다. 구독형 공공 계정은 일반적으로 계정 개설자
가 팔로워에게 정보나 컨설팅 등을 제공하는 경우에 쓰인다. 구독
형 공공 계정은 팔로워를 대상으로 1일 1회 뉴스 단체 발송이 가
능하다. 팔로워가 구독형 공공 계정을 등록하면 팔로워의 메뉴 중
'공식 계정' 안에 위치하게 된다.

기업 계정, 공공 계정, 서비스 계정 차이점

	메시지 발송	노출 위치	웨이신 지불 기능	계정 업그레이드	알림	메뉴 개발	보안 메시지
구독	매일 1회	별도 폴더	X	인증 이후 가능	X	인증 이후 가능	X
서비스	매월 4회	채팅창	인증 이후 가능	X	일반 메시지 알림	인증 없이 가능	X
기업	무제한	채팅창	X	X	일반 메시지 알림	인증 없이 가능	가능

출처: KT경제경영연구소

서비스형 공공 계정은 일반적으로 계정 개설자가 팔로워에게 서비스를 제공하는 경우에 쓰인다. 서비스형 공공 계정은 기업이 운영에 필요한 서비스와 관리 기능을 제공하기 때문에 서비스형 공공 계정을 새로운 서비스 플랫폼으로 활용하는 기업이 증가하고 있다. 서비스형 공공 계정은 팔로워에게 고객 서비스 업무를 제공하는 은행, 항공사, 기업 등에 적합하다. 서비스형 공공 계정은 한 달에 네 번 팔로워를 대상으로 뉴스 단체 발송이 가능하며 한 번 발송에 총 8건의 콘텐츠를 보낼 수가 있다. 상대방 메뉴 중 공공 계정에 위치하는 것은 구독형과 같지만 팔로워 메인 채팅 목록에 표시가 된다는 점이 구독형과 다르다.

공공 계정은 한 번 선택하면 바꾸기가 어렵다. 따라서 계정을 선택할 때 주의를 기울여야 한다. 중국에서 사업을 영위하는 기업이라면 가능한 한 서비스 공공 계정을 선택하는 것이 좋다. 왜냐하면 텅쉰이 기업의 웨이신 공공 계정 활성화를 위해 서비스 공공 계정에 기업의 브랜드나 상품 마케팅에 필요한 기능들을 점차적으로 강화하고 있기 때문이다.

7. 웨이신 기업 공공 계정 카테고리

웨이신의 기업 공공 계정은 몇 가지 카테고리로 분류할 수 있다. 우선 프로모션형 공공 계정이다. 단순 프로모션으로도 상품을 팔 수 있는 제품을 판매하는 기업 공공 계정이다. 여성 용품이나 소비품, 먹거리를 판매하는 기업 공공 계정이 주로 여기에 속한다.

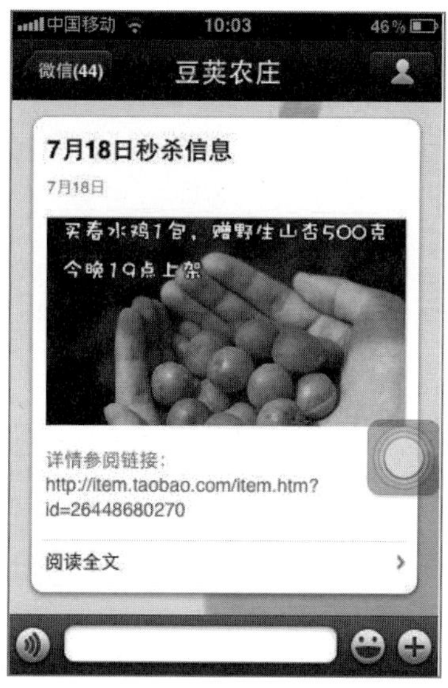

웨이신 기업 공공 계정 프로모션

다음으로 전문 지식형 공공 계정이다. 유아, 아웃도어, 가전, 가구, 전기, 보건, 자동차 관련 상품 기업처럼 내용을 알수록 효과가 높은 상품이나 서비스를 제공하는 기업 공공 계정이 주로 여기에 속한다.

웨이신 기업 공공 계정 전문 지식형 공공 계정

다음은 상품 전시형 공공 계정이다. 부동산, 금융기관, 고급차 등 사이트에서 상품을 직접 판매하는 것보다 전시하거나 브랜드를 홍보하는 것을 위주로 하는 공공 계정이 주로 여기에 속한다.

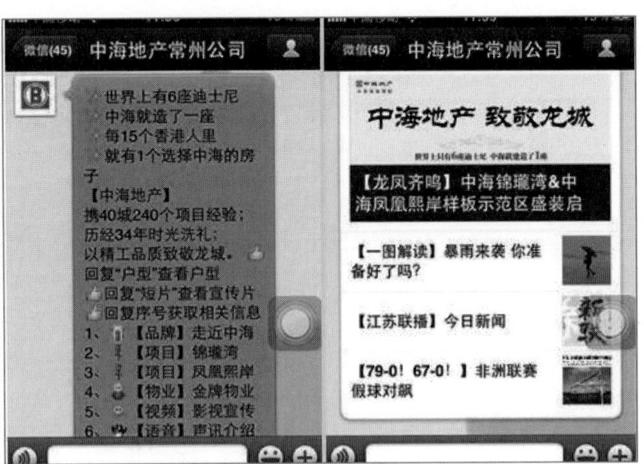

웨이신 기업 공공 계정 상품 전시형 공공 계정

다음은 공익 문예형 공공 계정이다. 공익 문예형 공공 계정은 기업을 알리기 위해서 사회공헌적인 활동이나 문화 활동을 진행하는 기업 공공 계정이다. 예를 들어 지진 피해자를 돕기 위한 활동이나 명품 브랜드의 이미지 제고를 위한 공익 활동 등을 주로 개최하는 기업 공공 계정이 여기에 속한다.

웨이신 기업 공공 계정 공익 문예형 공공 계정

다음은 서비스 센터형 공공 계정이다. 웨이신 서비스형 공공 계정을 활용하면 고객과의 상호작용을 확대, 강화함으로써 고객의 만족도를 높일 수 있기 때문에 신용카드사, 항공사, 호텔 등 고객의 문의나 서비스 제공 업무가 많은 기업들의 공공 계정이 주로 여기에 속한다.

8. 웨이신 활용

(1) 웨이신 쇼핑몰 서비스

웨이신이 쇼핑몰 시장에 지각변동을 일으키고 있다. 웨이신은 기존 커뮤니케이션 시스템을 기반으로 결제 기능이 결합된 일명 'Vshop'이라고 불리는 모바일 쇼핑몰을 제공하고 있다. 거대한 이용자 풀을 가진 웨이신이 모바일 쇼핑 서비스를 제공함에 따라 타오바오를 운영하고 있는 아리바바의 긴장도 커지고 있다. 아직 웨이신 쇼핑이 초기이기 때문에 타오바오에 큰 영향을 주지는 못하고 있지만 점점 많은 기업들이 웨이신에 쇼핑몰을 개설하고 있어 머지않아 타오바오 독주의 쇼핑몰 운영체계에 변화가 올 것이다.

세계 최대의 전자상거래 업체가 긴장할 만큼 웨이신 쇼핑몰은 경쟁력을 갖춰 가고 있다. 웨이신 쇼핑 서비스는 쇼핑몰 입점 문턱을 대폭 낮춘 것이 특징이다. 웨이신으로부터 입점 인증을 받고 결제 서비스만 가입하면 점포 개설이 가능하다. 웨이신 쇼핑몰 서비스는 쇼핑몰 점주들에게 간소화된 상품 업데이트와 주문서 관리, 마케팅 등의 기능을 제공한다.

타오바오에 입점할 경우 서비스 이용 시 비용이 발생하고 가입 및 쇼핑몰 설치도 웨이신보다 절차가 복잡하다. 때문에 웨이신 쇼핑몰 서비스는 간편한 인터넷 쇼핑몰 개설을 원하는 소비자들에게 타오바오의 새로운 대안으로 환영받고 있다.

웨이신 쇼핑몰은 모바일 쇼핑몰 서비스이기 때문에 타오바오가 제공하는 것만큼 다양한 쇼핑몰 관리 방식을 제공하지는 않지만 상품 분류 관리, 배송 관리, 주문 관리, 상품 관리, 회원 관리, 점포 설정 등 기본적인 쇼핑몰 관리 및 운영 메뉴들을 제공하고 있기 때문에 타오바오보다 접근성에서 용이한 웨이신 쇼핑몰에서 상품을 판매하려는 기업의 관심은 꾸준히 증가하고 있다.

(2) 웨이신 모바일웹

모바일에는 모바일에 적합한 인터페이스와 디자인이 필요하다. 스마트폰의 보급에 따라 스마트폰을 통해 인터넷에 접속하는 사용자들이 증가하면서 인터넷 서비스 제공 기업들이 너도나도 모바일 웹 구축에 열을 올리고 있다. 작은 화면, 터치 스크린 등의 모바일 특징에 맞는 웹 구축을 통해서 보다 편안한 인터페이스 제공은 물론 효과적으로 정보를 전달하기 위해서다.

웨이신은 모바일을 기반으로 한 서비스다. 웨이신 일반 계정을 비롯해 커머셜 기능이 한층 강화된 공공 계정 역시 모바일을 기반으로 사용자에게 서비스된다. 때문에 웨이신 서비스에 있어서 모바일 웹은 상당히 중요한 부분을 차지한다. 웨이신 측면에서는 모바일 웹이 공공 계정 사이트의 모습을 다양화할 수 있도록 해주는 것이고, 공공 계정을 개설한 기업에게는 친화적이면서도 다른 공공 계정 기업들과 차별화된 이미지를 웨이신 이용자들에게 전달할 수 있는 수단이 될 수 있다.

모바일 웹은 스마트폰 크기의 한계 때문에 PC형 홈페이지처럼 다양하고 복잡한 인터페이스를 제공하기 어렵다. 사용자 인터페이스나 디자인에 있어서 많은 제약이 따르는 것은 사실이지만 모바일에서 가능한 터치형 인터페이스를 통해 PC와는 다른 스타일의 웹을 구축할 수 있다는 장점도 있다.

모바일 웹을 자체적으로 개발하여 웨이신 공공 계정과 연결하여 사용할 수도 있고, 웨이신 공공 계정에서 제공하는 모바일 웹 제작 프로세스에 따라 다양한 탬플릿을 활용해서 편리하게 웹을 구축할 수도 있다. 어떤 형태의 모바일 웹을 구축하든 중요한 것은 구축된 모바일 웹 인터페이스와 디자인이 SNS와 연동이 편리하도록 해야 한다는 것이다. SNS의 편리성은 좀 더 많은 이들이 소식을 퍼나르는 것을 허용할 것이고 이로 인해서 브랜드나 상품 인지도가 좀 더 자연스럽게 상승할 수 있을 것이다. 모바일 이용자들이 접속했을 때 스킨이나 배너를 다른 웨이신과 다르게 꾸며 놓으면 좀 더 신선한 느낌을 전달할 수 있다.

(3) 웨이신 이벤트

웨이신을 활용하면 다양한 이벤트를 진행할 수 있다. 물론 팔로워가 있어야 하겠지만 팔로워가 없다면 팔로워를 만들기 위한 이벤트를 할 수도 있고, 팔로워가 형성되어 있다면 팔로워를 위한 이벤트를 진행할 수도 있다. 상품 프로모션을 위한 게임을 만들어 제공할 수도 있고 쿠폰, 투표, 퀴즈 등을 이용한 간단한 고객 마케팅 이벤트를 진행할 수도 있다.

웨이신 서비스를 활용한 이벤트는 중국 최대 명절인 춘절春节의 풍습까지도 변화시켰다. 웨이신을 통해 새해 인사를 전하는 중국인이 급증하면서 중국의 모바일 문자를 이용한 새해 인사 전송량은 2015년 춘절에 비해 33.97%가 줄었다.

웨이신을 통한 새해 인사가 급증하자 웨이신은 온라인을 통해 세뱃돈을 주고받는 홍바오紅包, 세뱃돈 이벤트를 실시했는데 이 이벤트는 현재 중국 춘절의 대표 이벤트로 자리 잡았다. 웨이신의 훙바오 이벤트 열풍은 아리바바 산하 알리페이와 시나웨이보 등을 통한 기업 간의 '훙바오 전쟁'으로까지 확산되었다. 인터넷 업체뿐만 아니라 웨이신을 마케팅 플랫폼으로 활용하는 기업들도 훙바오 이벤트에 참여하면서 새로운 새해 풍습이 생겨났다.

웨이신 등 온라인 플랫폼을 통해 훙바오를 주고 받는 모습

웨이신을 이용한 이벤트는 샤오미, 삼성 등 대기업을 비롯해 제주도의 음식점에서 명동의 화장품 가게에 이르기까지 다양한 기업들이 참여하고 있다. 기업은 팔로워와 잠재 고객을 확보할 수 있고 팔로워는 이벤트 참여를 통해 기업이 제공하는 다양한 혜택을 받을 수 있어 웨이신을 통한 이벤트는 점점 기업과 팔로워가 상생하는 개성 있는 형식으로 발전하고 있다.

웨이신은 온라인 상담 기능, 각종 사용자 및 팔로워 통계 기능,

사진 출력 기능, 공동구매 기능, 커뮤니티 기능, 초대장 발송 기능, LBS 기능 등을 제공하며 기업들이 웨이신을 다양한 이벤트가 가능한 마케팅 플랫폼으로 사용할 수 있도록 지원하고 있다.

9. 웨이상(微商) 마케팅

현재 중국에서 새롭게 각광받고 있는 마케팅이 바로 웨이신으로부터 파생된 웨이상이다. 웨이상은 중국의 대표 모바일 메신저인 웨이신, QQ, 웨이보 등의 SNS 플랫폼을 통해 제품과 서비스를 전시하고 이를 통해 '개인 대 개인' 또는 '사업체 대 개인'이 거래하는 형태의 비즈니스 모델을 의미한다.

웨이상은 개인이 웨이신 모멘트에 제품 정보를 올려 C2C 방식으로 친구에게 판매하는 형식이 대표적이다. 시장 규모도 2015년 1분기 기준 960억 위안에 육박하며 이는 전체 모바일 쇼핑 시장 규모 중 24.5%를 차지하는 비율이다. 또한 2014년 기준 914만 개였던 웨이상 상점 수가 2016년 1,000만 개를 돌파했다.

웨이상이 중국 마케팅에서 폭발적인 반응을 일으키고 있는 이유는 몇 가지가 있다. 우선 간편한 결제 방식이다. 웨이상은 상품 구입 시 웨이신 계정 하나만 등록하더라도 자신의 은행 카드와 연동하여 사용할 수 있으며, 별도로 어플리케이션을 설치하여 계정을 만들어야 하는 알리페이와 달리 간편하게 가입 및 결제를 할 수 있다. 접근성이 우수한 것도 장점이다. 하루의 시작과 끝을 휴대폰과 함께하는 현대인들에게 모바일 플랫폼을 바탕으로 운영되는 웨이상은 고객과의 접근성이 용이하여 보다 쉽고 편리하게 이용할 수 있다. 신규 서비스임에도 불구하고 SNS 플랫폼이 갖는 높은 신뢰도는 웨이상의 확장을 이끌었다. 웨이상은 본래 C2C 모델 즉, 친한 친구나 지인 혹은 왕홍을 통해 물건을 구입하는 형태에서 B2C로 발전한 모바일 마켓 플랫폼이기 때문에 소비자들은 제품의 품질과 가격에 대해 비교적 신뢰하는 경향을 보인다. 특히 왕홍은 막강한 파급력과 팬층을 기반으로 수많은 팔로워들의 소비를 자극하는 등 SNS에서 큰 영향력을 행사하고 있다. 저렴한 홍보 비용도 강점이다. 웨이신 계정만 등록하면 직접 온라인 상점을 열 수 있고 또한 모멘트를 활용하여 제품 사진과 관련 소개글을 올려 공유하는 등의 마케팅이 가능하기 때문에 별도의 홍보 비용에 대한 부담이 없다.

웨이상의 주력 소비층은 모바일 활용에 익숙한 30세 이하다. 실제로 웨이상의 소비군은 30세 이하가 전체 이용객의 63%를 차지하며 30대까지 포함할 경우 무려 92%를 차지한다. 성별을 보면 여성 소비자가 57.9%로 남성 소비자 42.1%보다 15.8% 높은 비율을 차지한다.

웨이상 소비층이 주로 30세 이하이며 여성이기 때문에 판매 제품도 미용용품, 의류, 생활용품, 유아용품 등의 품목에서 거래가 활발한 것으로 나타났다. 현재 웨이상 플랫폼 판매 제품별 점유율을 보면 식품 31%, 생활용품 21%, 미용용품 13% 순으로 식품이 가장 많이 판매되고 있다. 제품별 매출 순위는 미용용품 61%, 생활용품 15%, 식품 10% 순으로 나타났다.

중국 전자상거래 시장이 급속히 성장하면서 전자결제 시장 또한 발전하였는데 이러한 전자결제 시장의 발전은 웨이상 거래의 편의성을 높여 웨이상의 향후 발전 전망을 밝게 한다. 일반적으로 웨이상의 C2B 모델 형식은 개성화된 소비자의 취향과 수요를 파악하고 빠른 제조, 판매를 하는 고객 중심의 기업 활동을 채택하여 향후 더 많은 소비자들의 사랑을 받을 것으로 전망된다. 웨이상의 C2B 모델은 소비자가 개인 또는 단체를 구성하여 상품의 공급자 혹은 생산자에게 가격이나 수량 또는 서비스 등에 관한 조건을 먼저 제시하고 공급자가 이를 바탕으로 빠르게 제조와 판매에 돌입하는 모델을 의미한다. 한편 웨이상 전문 플랫폼 구축, 오프라인 상점의 웨이신 계정 개설을 통한 웨이상 O2O 유통채널로의 활용 등 향후 웨이상의 비즈니스 확장 잠재력은 무궁무진할 것으로 전망된다. 아울러 통신 네트워크의 발전 및 경제 수준 향상, 소득 증대와 더불어 사회 신용 체계의 완화와 같은 여건들이 개선되면서 향후 모바일결제 시장은 급속도로 성장할 것으로 기대되며, 웨이상의 편의성도 더욱 높아질 것으로 전망된다.

웨이상 마케팅으로 성공한 사례를 몇 가지 들면 우선 쑤닝윈상苏宁云商을 들 수 있다. 중국 최대 가전 유통 업체인 쑤닝윈상은 2015년에 웨이뎬微店에 진출한 후 웨이신, 웨이보, QQ 등을 통해 상품 전시 및 광고를 활발히 하고 있다. 이미 쑤닝 직원의 50% 이상이 웨이뎬을 개설하여 홍보 및 판매 중에 있고 웨이상 내 점포 수는 무려 10만 개를 돌파하였다. 중국의 섬유 대기업 톈훙天虹방직그룹은 2014년 웨이상의 C2C 시장을 통해 고객과의 연결고리를 형성하고 소비자의 수요에 맞는 다양한 상품을 출시하면서 회원 수 200만 명을 기록하였다. 또한 웨이상 진출 후 3일간 5,000개의 실크 침대가 판매되었으며 매출액은 100만 위안을 돌파하였다.

　　외국 기업이나 외국인이 웨이상을 하기 위해서는 웨이상 비즈니스 시스템에 대한 이해가 선행되어야 한다. 즉 웨이상의 사업 모델, 소비 환경, 판매 방식 및 물류 시스템에 관한 충분한 이해가 필요하다. 고객과의 소통도 활성화해야 한다. 빠르게 변화하는 소비자들의 수요를 신속하게 파악하여 고객 맞춤형 서비스를 제공하고, 소비자와의 직접적이고 꾸준한 교류 활성화로 기업에 대한 고객의 신뢰도를 높이는 것이 중요하다. 광고 및 홍보를 통한 제품 인지도 및 신뢰도 상승 작업도 지속적으로 추진해야 한다. 홍보 능력이 있는 웨이상, KOL_{Key Opinion Leader}과의 제휴를 통해 판매 현황을 확인하고 자사 제품의 브랜드 이미지와 인지도를 상승시키는 것이 관건이다. 제품 구성의 다양화 및 차별화도 중요하다. 기존 웨이상 제품의 경우 단일 품목, 중국 제품, 저마진 한국 상품 등으로 구성되어 있으며 구매, 재고, 배송을 별도 관리중인 경우가 많다. 따라서 향후 웨이상 마케팅을 진행할 때 고마진의 한국 상품을 지속적으로 확대하고, 소비자의 의견을 수렴하여 개성과 유행 모두를 만족시킬 수 있는 상품 공급으로 고객층을 꾸준히 확대시켜 나가는 것이 중요하다.

중국판 트위터, 웨이보(微博) 마케팅

1. 웨이보 마케팅

웨이보는 중국판 트위터라고 불린다. 웨이보는 '작다'는 뜻의 웨이微와 블로그를 뜻하는 보커博客의 첫 글자를 합친 말로, 영어의 'Micro Blolg'에 해당한다. 웨이보는 트위터처럼 기본 글자 수 140개 이내의 단문으로 개인의 의견과 생각을 공유할 수 있다. 사진과 동영상 등을 함께 첨부할 수 있으며 다른 회원을 팔로우할 수도 있다. 중국의 대형 포털인 시나, 텅쉰, 써우후, 왕이 등이 개별적으로 가입자를 보유하고 웨이보를 서비스하고 있으며 이 중 대표적인 웨이보는 시나웨이보다.

시나는 2009년 8월 첫 웨이보 서비스를 시작하였다. 서비스 시행 이후 중국 정부가 트위터와 페이스북 사용을 금지하고, 중국 관공서의 대국민 서비스 활용에 웨이보 활용을 권장하면서 웨이보는 단기간에 중국 대표 SNS 서비스로 성장하였다. CNNIC에 따르면 2015월 12월 기준 웨이보 월 활동 사용자 수는 2억 6,000만 명으로 2014년 동기 대비 32% 성장하였다. 2013년부터는 성장세가 조금 꺾였지만 대규모 가입자를 기반으로 안정적인 서비스가 제공되고 있으며 중국 인터넷 이용자들이 정보를 주고받는 주요 경로로 확고히 자리 잡고 있다.

웨이보 이용자를 살펴보면 일단 유형적인 측면에서는 인증认证 이용자가 0.8%, 대인大人 이용자가 3.4%, 보통普通 이용자가 95.8%

로 나타났다. 성별을 보면 남녀의 비율이 각각 50%로 나타났으며 연령대는 17~23세가 40%로 가장 높았고 학력은 고등 학력자가 76%로 가장 높았다.

2015 웨이보 이용자 연령별 가입 비중

구분	11~16세	17~23세	24~33세	34~45세	46세 이상
비중(%)	9	40	39	11	2

출처: 아이루이

웨이보 마케팅은 웨이보를 마케팅 플랫폼으로 활용하여 기업이 브랜드와 상품에 관련한 소식과 정보를 소비자들에게 전달하는 것을 말한다.

기업은 웨이보 마케팅을 통해서 직접적인 소비를 끌어낼 수 있는 것은 물론 브랜드나 상품에 대한 소비자의 소비 특성을 심도 있게 파악할 수도 있다. 기업은 웨이보를 통해 소비자들과 지속적으로 상호작용함으로써 소비자들의 구매 행태, 소비자의 요구, 소비자 중심의 상담과 마케팅 방법, 소비자의 긍정적 경험 유도 그리고 브랜드나 상품에 대한 개선 사항 파악 등 다양한 마케팅 결과물들을 확보할 수 있다. 이러한 결과물은 기업이 소비자들에게 적합한 상품과 서비스를 제공함으로써 중국 시장에 한걸음 더 다가갈 수 있는 디딤돌 역할을 해낼 수 있다.

본격적인 웨이보 마케팅을 위해서는 우선적으로 웨이보 계정을 개설할 필요가 있다. 계정이 오픈되면 기업의 이미지나 타겟에 맞도록 웨이보를 디자인하는 작업을 진행한다. 계정 개설과 디자인 작업을 마치면 콘텐츠를 기획하고 게재하는 작업을 실행한다. 콘텐츠를 게재하는 것과 더불어 기업 웨이보의 팔로워를 확보하는 방안도 마련해야 한다. 팔로워를 확보하거나 콘텐츠에 대한 주목도를 높이기 위해서 이벤트를 진행하기도 한다. 팔로워가 생기고 댓글이 달리기 시작하면 팔로워들과 소통을 진행하면서 기업 웨이보에 대한 호감과 친근감을 증대시키는 웨이보 매니지먼트 작업을 진행한다. 마지막으로 기업 웨이보를 정기적으로 분석함으로써 웨이보가 더욱 발전하기 위한 방향을 찾는 분석 작업을 실행하고 결과를 후속 작업에 반영함으로써 보다 효율적인 웨이보 운영이 가능하다.

웨이보 마케팅은 크게 두 가지 방식으로 진행할 수 있는데 하나는 기업이나 개인의 웨이보 계정을 만들고 이를 바탕으로 마케팅을 진행하는 것이고, 다른 하나는 계정 개설 없이 타인의 웨이보를 활용하여 필요한 정보나 이벤트를 웨이보를 통해 전파하는 것이다. 두 가지 중 어떤 방식을 사용하느냐는 웨이보 마케팅을 진행하려는 기업이나 개인의 필요성에 따라 선택하는 것이겠지만 가능하면 스스로의 웨이보 계정을 확보하고 장기적으로 마케팅을 추진하는 것이 기업이나 개인의 브랜드나 상품을 중국 시장에 정착시키는데 유용하다.

2. 웨이보 계정 개설

웨이보 계정은 웨이보 사이트를 클릭한 후 순서에 따라서 필요한 정보를 기입하면 누구나 개설할 수 있다. 웨이보 사이트는 네이버, 바이두, 360 등의 검색 사이트에 '微博' 또는 'WEIBO'를 입력하면 된다. 웨이보 계정을 개설할 때는 개인의 경우 개인 계정을 개설하고 기업이나 기관의 경우 공식官方 계정을 개설하는 것이 일반적이다. 공식 계정을 개설할 경우에는 기업이나 기관의 사업자등록증 등 웨이보에서 요구하는 서류를 제출해야 한다. 여기서는 간단하게 웨이보 개인 계정을 개설하는 방법을 살펴보자.

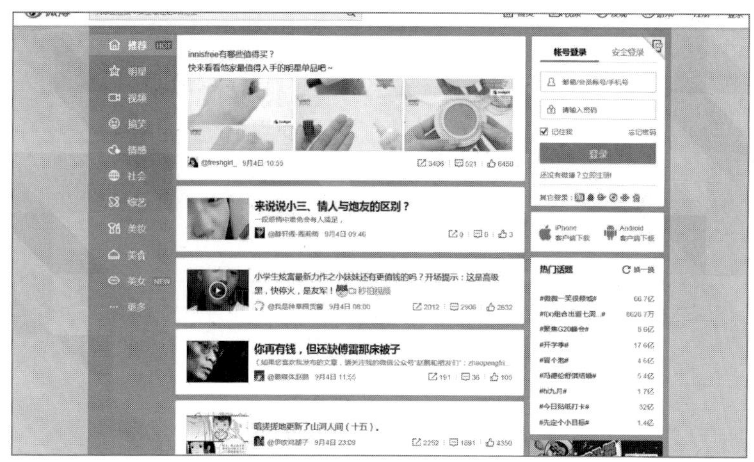

웨이보 홈페이지

웨이보 개인 계정을 개설하기 위해서는 우선 웨이보 공식 사이트인 'http://www.weibo.com'에 접속한다. 홈페이지가 나오면 메뉴에서 '즉시 등록立即登记'을 클릭한다.

웨이보 계정 개설과 관련된 기본 정보를 기입하는 페이지가 열리면 휴대폰 번호 옆 국기 그림을 클릭하여 한국을 선택한다. 0082로 시작되는 국가 번호가 나타나면 휴대폰 번호, '설치 비밀번호设置密码', 휴대폰으로 발송되는 '검증 번호激活码' 등을 입력하고 '즉시 등록立即登记' 버튼을 클릭한다.

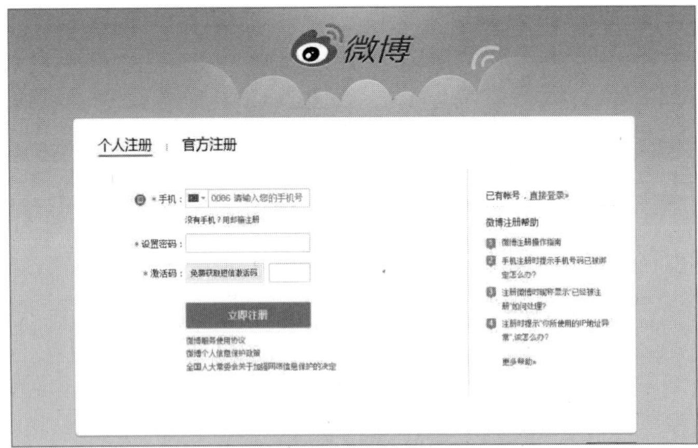

웨이보 계정 개설

사이트에서 요구하는 별칭, 생일, 성별, 소재지 등의 공란을 채우고 '관심 추천 진입进入兴趣推荐' 버튼을 클릭한다.

웨이보 계정 등록 기본 정보 입력

주제 선택 화면에서 생활, 교육, 음식 등에서 관심 있는 주제를 선택한 후 '웨이보 진입进入微博' 버튼을 클릭하면 웨이보 계정 개설이 완료된다.

웨이보 주제 설정

3. 웨이보 꾸미기

계정 개설이 끝나면 사용자가 웨이보를 이용하기에 편리하도록 최적화하고 좀 더 매력적인 페이지로 보일 수 있도록 꾸밀 수 있다.

(1) 개인 자료 업데이트

웨이보는 계정을 개설할 때 기본적인 정보를 기입해야 한다. 계정 개설이 끝나고 개인 정보는 웨이보 첫 화면에서 '개인 자료 편집编辑个人资料' 버튼을 클릭하거나 환경 설정에서 '계정 설치账号设置'를 클릭하면 개인 정보를 수정 및 보완할 수 있다.

웨이보 개인 정보 설정

(2) 화면 꾸미기

트위터나 블로그를 꾸미는 것처럼 웨이보 또한 기업의 이미지나 웨이보의 운영 목적에 맞도록 디자인할 수 있다. 이목을 끌 수 있는 디자인을 갖춘 웨이보는 보다 많은 팔로워를 유입시킬 수 있다. 웨이보의 스킨이나 배너를 브랜드나 상품에 맞도록 특색 있게 디자인해서 웨이보를 꾸민다면 밍밍하고 천편일률적인 디자인의 웨이보보다 방문자의 기억에 좀 더 각인될 수 있을 것이다.

웨이보 디자인 작업은 이미지를 전달하는 스킨이나 배너를 만드는 것이 기본이다. 그러나 이 작업은 가입 즉시 바로 진행할 수 있는 것은 아니다. 웨이보에 디자인을 적용하기 위해서는 웨이보로부터 필요 인증을 받아야 한다. 웨이보 인증은 개인 인증과 공식 인증이 있다. 인증 신청 후 조건에 부합하면 인증 허가가 떨어지고 인증을 획득한 후에 본격적으로 사용자가 원하는 디자인을 웨이보에 적용시킬 수 있다.

웨이보 첫 페이지에서 환경 설정을 클릭하고 '배경 설치摄板设置'를 클릭하면 스킨을 설정할 수 있는 화면이 펼쳐진다. '템플릿 상점模板商店'에서 두 번째 메뉴인 '템플릿模板'을 클릭하면 웨이보에 적합한 스킨을 찾아 바꿀 수 있다. 스킨은 테마, 가격, 색상 등 조건에 따라 원하는 양식을 골라서 사용할 수 있다. 스킨은 유료와 무료가 있으며 스킨 양식의 경우 정지 이미지, GIF 형식의 움직이는 이미지, 그리고 7일에 한 번 자동으로 바뀌는 이미지 형식 등을 선택하여 적용할 수 있다.

'배너 이미지封面图' 메뉴를 클릭하면 배너를 바꿀 수 있다. 배너 메뉴 오른쪽에 '직접 지정自定义' 메뉴가 있는데 이 메뉴를 클릭하면 사용자가 직접 제작한 배너를 웨이보에 적용할 수 있다. 배너 설정 방식에는 배너 직접 설정과 자체양식 지정하기가 있는데 직접 설정하는 배너는 980x300px 크기, 5M 이하 용량의 이미지를 업로드할 수 있으며 형식은 JPG와 PNG가 지원된다. 포토샵을 할 수 있거나 웨이보에 활용할 수 있는 이미지가 있다면 배너 직접 설정 기능을 활용해 웨이보에 가장 적합한 배너를 제작·적용하는 것이 좋다.

(3) V 인증 받기

웨이보는 V 인증을 통해 웨이보 사용자들이 웨이보 운영자의 기본적인 특징을 파악할 수 있도록 하고 있다. V 인증은 공식 인증과 개인 인증이 있다. 공식 인증은 정부, 매체. 학교, 기업, 인터넷, 기구/단체 등의 분류로 웨이보를 개설함으로써 개설 기업의 성격을 규정할 수 있다. 때문에 웨이보 사용자는 V 인증만으로도 웨이보 개설자가 정부인지, 매체인지 아니면 학교인지를 쉽게 파악할 수 있다.

베이징천바오 北京晨报 웨이보

　휴대폰 번호 입력, 팔로워 100명 이상, 상호 팔로우 2명 이상 등의 몇 가지 기본 조건이 충족된 후에 재직증명서와 사업자등록증 스캔본, 명함 스캔본, 신분증 스캔본, 웨이보 URL을 제출하면 V 인증을 받을 수 있다. V 인증을 받으면 스캔과 배너를 꾸밀 수 있고 팔로워 관리를 위한 기본 툴도 제동된다. 개인 인증은 웨이보에서 제공하는 32개 대분류와 500여 개의 직업 분류로 구성된 인증 카테고리 중에서 선택할 수 있다.

웨이보 인증 카테고리

4. 웨이보 콘텐츠 기획

웨이보 콘텐츠는 브랜드나 상품에 맞게 기획되어야 한다. 방문자가 방문한 기업의 웨이보에서 차별성이나 특별한 관심 사항을 발견하지 못한다면 재방문하거나 팔로워를 하려고 하지 않을 것이기 때문이다. 단순히 콘텐츠 수를 늘리기 위해 무작정 콘텐츠를 게재하는 것은 웨이보 사용자들로부터 외면받는 지름길이다.

웨이보 콘텐츠를 기획하기 위해서는 우선 웨이보의 성격 규정이 필요하다. 어떤 브랜드와 상품을 중심으로 운영할 것인지, 어떤 것을 소비자에게 알려 주고 싶은지를 명확하게 규정할 필요가 있다. 웨이보를 통해 전달할 핵심을 규정했다면 다음으로 타겟층을 선정해야 한다. 웨이보로 끌어들일 타겟층이 주로 여성인지 남성인지, 젊은층인지 중년층인지, 저학력층인지 고학력층인지, 직장인인지 전문가들인지 등을 구분해야 한다. 타겟에 따라서 전달하는 메시지와 미디어 콘텐츠의 활용 방법 등이 상이하기 때문이다.

예를 들어서 콘돔 제작 기업인 듀렉스는 주요 타겟이 젊고 다이내믹한 남성들이다. 듀렉스가 타겟으로 하는 층은 아슬아슬한 성적 농담을 좋아한다. 반면 화장품 기업인 로레알의 타겟은 젊은 여성이다. 로레알이 타켓으로 하는 젊은 여성은 좀 더 아름다워지고 싶어 하고 화장을 어떻게 하는지에 대한 정보를 원한다. 듀렉스는 재미있는 닉네임인 'dudu'로 계정을 오픈하고 언제나 웨이보에 성적 농담과 관련한 콘텐츠를 게재하였다. 반면 로레알의 계정은 웨이보에 게재하는 대부분이 브랜드나 상품에 대한 정확한 소식이나 경품 이벤트다. 로레알과 듀렉스는 웨이보 마케팅 전략에 있어서 각기 다른 방향을 추구하고 있다. 두 기업은 모두 자신만의 전략을 통해 생산된 콘텐츠를 통해서 소비자와 소통하고 있는 것이다.

콘텐츠는 좀 더 세분화되고 전문적인 것이 너무 광범위하여 콘텐츠 범위를 규정하지 못하는 것보다 효율적이다. 예를 들어 한국 문화에 대해서 소개하는 것보다 한국 문화 중에서 한국 음식, 한국 음식 중에서 한국 야식 등으로 세분화해서 내용을 깊이 있게 다루는 것이 팔로워들을 만족시킬 수 있는 방법이다. 주제를 광범위하게 잡고 콘텐츠를 생산하면 많은 콘텐츠들을 만들어낼 수 있지만 다른 웨이보와 차별화하여 내용을 전달하기는 쉽지 않다. 팔로워들이 기업의 웨이보를 팔로워하도록 만들기 위해서는 깊이 있고 신선하며 차별화된 콘텐츠가 필요하다.

웨이보는 단순한 게시판이 아니다. 알리고 싶어 하는 콘텐츠를 올려놓고 볼 테면 보고 말 테면 그만두라는 식으로 운영하는 게시판이 아니다. 그러나 웨이보에 계정을 열어서 소비자와 소통을 진행하는 기업들 중에 상당수가 웨이보를 단순 게시판으로 활용하는 경우가 많다. 단순히 기업 행사나 소식을 올리는 것만으로 웨이보 마케팅을 하고 있다고 생각하는 웨이보 운영자들도 많다. 웨이보는 단순한 홈페이지가 아니다. 웨이보는 자사의 소식만을 가득 담은 단순 홈페이지가 아니라 소비자와의 소통을 최대화할 수 있는 소통형 플랫폼이다.

성형외과를 예로 들어 보자. 성형외과가 웨이보를 개설하고 웨이보 마케팅을 진행하면서 가격이나 성형 부위 설명으로 내용을 도배한다면 웨이보 사용자들은 이 사이트에 지속적으로 방문할 욕구를 느끼지 못할 것이다. 만약 성형외과가 웨이보를 운영한다

면 사람들이 왜 성형에 관심을 갖는지 그 이유가 무엇일까를 우선
적으로 고민해야 한다. 그리고 그것을 어떤 콘텐츠를 통해서 표현
하고 전달해야 사람들의 관심을 더 끌 수 있을 것인가를 고민해야
한다. 예를 들어 사람들이 성형에 대해서 관심을 갖는 이유는 아
름다움에 대한 추구일 것이다. 그러므로 성형외과는 고객들과 아
름다움에 대한 소재를 가지고 소통을 하는 것이 좋다. 성형외과에
서 몇 건의 수술을 진행하였다는 것이 소비자들에게 중요한 것이
아니라 아름다움에 대해 어떤 생각을 가지고 있고 어떤 노력을 하
고 있는지를 보여주는 것이 웨이보를 좀 더 제대로 활용하는 방법
이라고 할 수 있다.

이미 언급한 것처럼 웨이보는 단순히 기업의 소식만을 전하는
것만으로는 팔로워를 만들거나 유지하기 어렵다. 재미없는 기업 뉴
스는 소비자들이 관심을 갖고 팔로워들과 공유하고 싶어 하는 내
용이 아니기 때문이다. 웨이보 마케팅을 생각한다면 단순한 뉴스
위주의 콘텐츠 운영에서 벗어나야 한다. 규격화된 소식이 아니라
생동감 있는 스토리를 창조해서 팔로워들이 자신의 팔로워들과 함
께하고 싶어하는 콘텐츠를 만들어서 제공해야 한다.

5. 웨이보 콘텐츠 포스팅

웨이보에 콘텐츠를 게재할 경우 가장 적합한 시간은 언제일까?
어떤 요일에 게재하는 것이 가장 효과적일까? 만약 웨이보를 운영
한다면 자신의 콘텐츠가 가장 효과적으로 노출될 수 있는 타이밍

을 파악해야 한다.

대부분의 기업은 한 주가 시작되는 월요일에 콘텐츠를 웨이보에 게재한다. 그러나 웨이보 게재가 가장 효과적인 요일은 바로 수요일과 목요일이다. 일반적으로 월요일과 화요일은 일 때문에 웨이보 사용자들이 가장 스트레스를 많이 받는 요일이기 때문에 웨이보 활동에 참여하는 소비자들이 적다. 반면 수요일과 목요일에는 직장 스트레스가 월요일이나 화요일보다 적어지면서 웨이보 활동을 하는 소비자가 늘어난다. 한편 웨이보에 대해서 코멘트 비율이 가장 높은 요일은 직장 스트레스에서 벗어나는 주말이다.

하루 중 웨이보 마케팅에 가장 적합한 시간은 바로 오후 6~11시이다. 아침 9~11시와 오후 2~3시 사이에는 웨이보 활동이 비교적 적다. 왜냐하면 이 시간에는 웨이보 사용자의 다수가 업무로 바쁘기 때문이다. 반면 오후 6~11시 사이에는 퇴근 시간 및 휴식 시간으로 웨이보 사용자의 활동이 적극적이고 활발해진다.

물론 콘텐츠에 따라 게재 타이밍이 다를 수도 있다. 중요한 것은 웨이보 운영자가 편하거나 좋아하는 시간이 아니라 타겟층의 활동이 가장 활발한 시간 그리고 팔로워들이 가장 반응이 좋은 시간들을 고려하여 콘텐츠를 게재해야 한다는 것이다. 그러기 위해서는 웨이보를 사용하는 소비자들의 행동 패턴을 좀 더 이해하고 이에 맞춰 웨이보 마케팅을 추진할 필요가 있다. 웨이보 이용자의 행동 패턴에 맞춰 웨이보 마케팅을 추진한다면 좀 더 성과 높은 웨이보 마케팅 효과를 거둘 수 있을 것이다.

적당한 시간에 웨이보에 프로그램을 게재할 수 없는 상황이라면 웨이보에 글을 게재할 때 프로그램을 이용하여 게재하는 방법도 있다. 한 가지 프로그램을 설명해 보자. 이 프로그램을 이용하면 웨이보에 적합한 주제의 콘텐츠 중 이미 만들어진 콘텐츠를 예약을 통해서 원하는 시간에 웨이보에 게재할 수 있다.

우선 인터넷 주소창에 'http://t.pp.cc/time'를 입력하고 클릭하면 피피스광지皮皮时光机 사이트가 열린다.

피피스광지 메인 화면

새로 등록을 해도 되고 QQ나 시나웨이보 계정이 있다면 이미 가지고 있는 계정을 통해서도 등록을 할 수 있다. 시나웨이보 계정 등록을 클릭하면 개인 정보를 입력하는 화면이 나온다. 웨이신의 QR코드 리더기를 통해서 바코드를 스캔하고 웨이신에 접속해야 검증 번호를 받을 수 있다. 필요한 정보를 입력한 후 제출을 클릭하면 피피스광지 계정 개설이 완료되며 본 화면으로 들어간다.

피피스광지 정보 입력

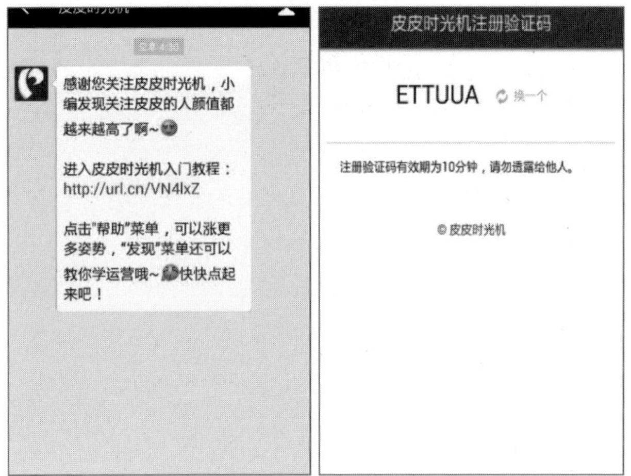

피피스광지 등록 성공 안내 문자

6. 소통 채널 웨이보

웨이보는 팔로워와의 소통이 중요한 플랫폼이다. 때문에 일방
적인 커뮤니케이션보다는 상호 소통을 진행하는 것이 무엇보다도

중요하다. 팔로워가 뭔가를 물어보는데 회답이 없다면 웨이보를 방문한 팔로워는 더 이상 사이트에서 소통하려 하지 않을 것이다.

웨이보는 콘텐츠를 올리는 것만큼 콘텐츠에 대한 소비자의 반응에 대응하는 것이 중요하다. 웨이보에는 좋아하는 콘텐츠에 좋아요赞를 눌러서 호응을 하는 것이 있고 개인적으로 편지를 주고받을 수 있는 메시지私信 기능이 있으며 콘텐츠에 대한 의견을 남길 수 있는 댓글评论 그리고 자신의 팔로워와 함께 나누고 싶은 것을 전달하는 퍼가기转发 기능이 있다. 기업의 웨이보에 와서 사용자들이 보여주는 다양한 반응들에 대해서 운영자는 적절하게 반응을 보여야 한다. 팔로워 수가 많아서 너무 많은 이용자들이 메시지를 보내거나 댓글을 달 경우에는 선별적으로 답변을 보내거나 공식 답변을 웨이보에 게시하는 것도 방법이다.

웨이보에서 소통할 때 기업의 웨이보를 방문하여 소통 의사를 남긴 사용자들과 소통을 할 수도 있지만 기업의 웨이보와 관계가 깊은 콘텐츠에 대해서 먼저 적극적으로 좋아요를 누르고 댓글을 달거나 팔로워를 신청하는 등 사용자에게 소통 의사를 전달하는 것도 중요하다.

소통 의사를 전달하고 성실히 답변하는 것은 일반 사용자를 팔로워로 만들고 더 나아가서 잠재 고객으로 만들 수 있는 좋은 방법이다. 웨이보 사용자는 자신이 관심 있는 사항에 대해서 관심을 표하고 이에 대한 피드백 받는 것을 즐긴다. 그런만큼 웨이보 운영자는 시간과 노력을 기울여 사용자들과 소통을 진행해야 한다.

7. 웨이보 이벤트

웨이보를 통해 다양한 이벤트를 진행할 수 있다. 오프라인 이벤트에 대한 소식과 정보도 팔로워에게 전달할 수도 있다. 웨이보 이벤트는 웨이보 사용자들에게 기업 웨이보에 대한 인지도를 높이고 팔로워를 증가시킬 수 있는 효과적인 방법이다.

웨이보에서 기업이 이벤트를 진행하는 목적은 몇 가지로 설명할 수 있다. 우선 기업 웨이보의 인지도를 높이는 것이다. 아무리 글을 많이 올려도 보는 사람이 없다면 소용이 없다. 따라서 좀 더 많은 웨이보 사용자들이 기업 웨이보에 주목할 수 있도록 기회를 만들어 주는 것이다. 두 번째로 팔로워를 증가시키기 위한 것이다. 팔로워는 기업 웨이보의 든든한 지원군이며 지지자들이다. 따라서 보다 많은 팔로워를 확보하는 것은 기업 웨이보의 기반을 다지는 데 중요한 작용을 한다. 일반적인 방법으로 팔로워를 확보하는 것은 시간과 노력이 소요된다. 따라서 이벤트를 통해 단기간에 팔로워를 증가시키는 방법을 사용하는 경우가 많다. 세 번째로 핵심 콘텐츠 노출을 확대하기 위한 것이다. 기업 웨이보 자체에 대한 인지도를 높이는 것보다는 특별한 행사나 소식 그리고 정보들을 좀 더 많은 웨이보 사용자들에게 전달하고 싶을 때 콘텐츠 확산을 위한 이벤트를 실시할 수 있다.

웨이보 이벤트를 통해 기업 인지도를 대폭 성장시킨 기업으로는 대표적으로 샤오미를 꼽을 수 있다. 샤오미는 2010년에 설립된 중국 휴대폰 개발 및 판매 기업이다. 샤오미는 삼성이나 애플과 같은 국제적인 기업을 누루고 중국에서 가장 큰 스마트폰 제공상이 되었

다. 샤오미가 세계적인 마케팅 플레이어가 된 것에는 샤오미의 마케
팅도 한몫하고 있다. 샤오미는 새로운 고객을 끌기 위해 웨이보에
계정을 개설하였다. 고객과 상호 작용을 추진하기 위하여 SNS 플
랫폼을 적극 활용한 것이다. SNS를 통해 정보와 광고를 알렸을 뿐
만 아니라 휴대폰을 경품으로 내건 다양한 이벤트를 지속적으로 실
시함으로써 고객과 활발한 교류를 가졌다. 1,500만 명이 넘는 액티
브한 유저가 수천 개의 포스팅을 올리는 거대한 커뮤니티를 만들어
샤오미 제품에 대한 견고한 잠재 고객 기반을 구축하였다.

웨이보 이벤트는 너무 화려할 필요가 없다. 검소하더라도 고객
들사이에서 입소문이 날 수 있는 재미있는 이벤트를 통해 사용자
들과 지속적으로 소통하고 싶어 한다는 것을 보여줄 필요가 있다.

8. 웨이보 분석

더욱 발전적인 웨이보를 만들기 위해 웨이보를 분석해야 할 필
요가 있다. 팔로워가 많다고 해도 상품을 구매할 수 있거나 관심이
있는 팔로워가 아니라면 마케팅에 큰 도움이 되지 않는다. 팔로워
가 어떤 성향을 가지고 있는지 어떤 이야기들을 좋아하는지 알 필
요가 있다. 그래야 웨이보가 제대로 운영되고 있는지 파악할 수 있
기 때문이다. 웨이보를 분석하는 방법은 여러가지가 있지만 간략
하게 몇 가지만 살펴보자.

우선 웨이보가 자체적으로 제공하고 있는 분석 시스템이다. 웨
이보 첫 화면에서 '관리 중심管理中心'을 클릭해서 들어가면 간략한
웨이보 분석 보고서가 나타난다.

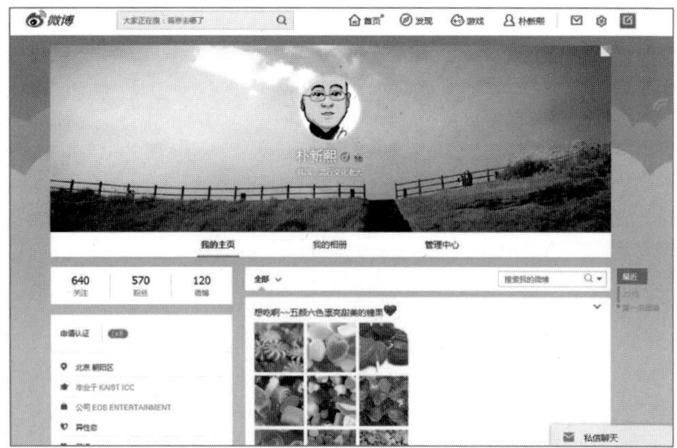

개인 웨이보 메인 화면

웨이보에서 제공하는 분석 시스템은 전체 팔로우 중 해당 웨이보의 영향력 순위, 최근 7일, 또는 30일 간의 웨이보 콘텐츠 게재수, 댓글 수, 총 콘텐츠 클릭 수 등을 제공한다. 아울러 팔로워의 성별 비례와 팔로워의 속성 그리고 영향력 높은 팔로워 등을 분석하여 제공한다.

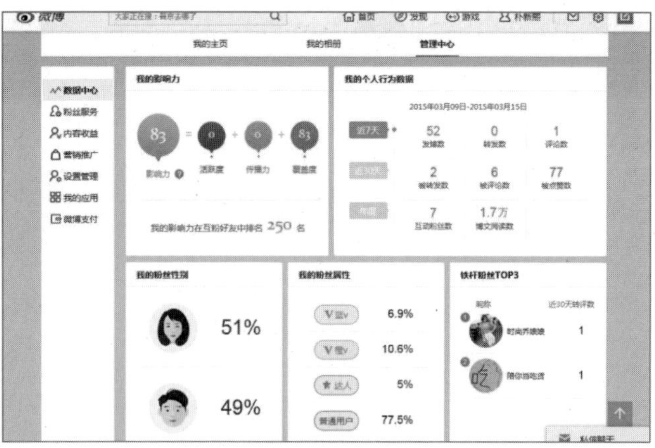

개인 웨이보 관리 중심

좀 더 세부적인 분석이 필요하다면 웨이보 글을 전문적으로 분석해 주는 사이트를 통해 게재된 글이 어떤 경로로, 어떤 형태로 공유되어 영향력을 발휘했는지 분석할 수 있다. 즈웨이知微라는 사이트를 살펴보자. 우선 분석하려고 하는 웨이보 콘텐츠를 선정한다.

선정한 콘텐츠 아래에 보면 콘텐츠를 게재한 날짜가 나온다. 이 부분을 클릭하면 주소창에 콘텐츠의 주소가 나타난다. 주소를 복사한다.

인터넷 창에 'www.weiboreach.com'을 입력하여 즈웨이 사이트에 접속한다.

즈웨이 사이트 메인 화면

즈웨이 사이트에서 '보급판普及版'을 클릭한다. 전문판은 1,000명 이상의 데이터 분석이 필요한 경우 사용된다. 일반적으로는 보급판만 사용해도 간략한 콘텐츠 분석이 가능하다. 보급판 하단에 있는 빈 칸에 복사한 주소를 붙여 넣고 '분석하기开始分析'를 클릭한다.

즈웨이 사이트 분석

분석이 완료되면 분석 요청한 콘텐츠의 기본 정보를 확인할 수 있다. 총 노출량 등 전반적인 콘텐츠에 대한 평가도 확인할 수 있다. 웨이보 댓글 분석을 통해서 팔로우들이 콘텐츠에 대해 얼마나 긍정적인 반응을 보였는지, 콘텐츠가 몇 단계까지 퍼져 나갔는지를 확인할 수 있다. 수군水军 분석 결과로 개인 운영이 아닌 자동 프로그램을 이용하면 유사한 작업을 하는 웨이보가 얼마나 많은지도 확인할 수 있다. 수군이 많으면 많을수록 마케팅 효과가 적어질 수 있다고 분석할 수 있다. 웨이보 콘텐츠를 공유한 사용자의 아이디, 그 사용자의 팔로워, 회원 유형, 공유시간, 2차 공유 건수 등의 데이터를 확인할 수 있으며 콘텐츠를 공유한 팔로워 중에 일반인, 웨이보 인증을 받은 사용자, 개인 인증자, 기업 인증자의 비율과 남녀 간의 비율도 파악할 수도 있다. 콘텐츠가 어느 지역에서 가장 많이 노출이 되었는지를 알 수 있고 댓글 중에 달린 키워드 분석을 통해서 콘텐츠와 관련하여 어떤 내용들이 가장 많이 이야기 되었는지도 확인할 수 있다.

중국판 페이스북, 런런왕(人人网) 마케팅

1. 런런왕 마케팅

웨이보가 중국판 카카오톡이라면 런런왕은 중국판 페이스북이라고 할 수 있다. 런런왕은 미국 페이스북을 카피한 플랫폼이기 때문에 한국 페이스북 이용자들에게는 화면부터 기능까지 익숙할 수 있다. 2005년도에 '교내校内'라는 서비스로 시작한 런런왕은 2007년에 직장인과 고등학생, 중학생을 위한 사이트를 개통하고 2009년에 '교내'에서 런런왕으로 이름을 변경하여 중국 SNS의 발전을 이끌었다.

페이스북이 2008년 6월에 홍콩을 비롯한 중화권에서 중국어 서비스를 시작하며 중국 시장에 진출하였지만 2009년 페이스북 서버를 차단하면서 서비스를 중단하였다. 페이스북 서비스의 중단으로 런런왕은 페이스북 서비스를 사용하고 있었거나 하고 싶어 하는 중국인들의 대체 상품으로 인식되면서 성장을 거듭하였다. 가입자들이 증가하면서 런런왕 사용자들을 대상으로 마케팅을 하고 싶어하는 기업들이 런런왕에 광고와 이벤트를 쏟아 부었다. 이로 인해 런런왕은 더욱 활성화되었고 자신의 생각과 의견을 표출하고 서로 간에 정보를 공유하고 싶어 하는 중국인들의 사회적 관계를 형성하는 놀이터로 급성장하였다.

그러나 최근 런런왕은 경쟁 SNS인 웨이보와 웨이신에 밀리고 있는 형국이다. 런런왕의 광고 수입과 유니크 로그인 유저 수도 줄어들고 있다. 전체 사용자도 2억 명에 미치지 못해 웨이보나 웨이신의 절반도 되지 않는다.

런런왕의 인기가 시들고 있는 이유는 웨이보와 웨이신과 같은 강력한 경쟁 상대의 출현 때문이다. 굳이 비교하자면 제공하는 서비스 측면에서 런런왕과 유사성이 높은 웨이신이 보다 강력한 경쟁 상대라고 볼 수 있다. 또 다른 이유는 중국 SNS의 생태계가 이미 모바일로 이동하고 있기 때문이다. SNS 사용자들은 PC 앞에서 SNS를 이용하기보다는 모바일을 통해서 SNS를 이용하는 것을 선호한다. 물론 런런왕도 이러한 흐름에 맞춰 모바일 기능을 강화하고는 있지만 대형 화면의 게임 기반 성장을 추구하던 런런왕의 정책으로 모바일화에 한계가 있다. 때문에 모바일에 최적화된 SNS를 사용하고자 하는 이용자들은 웨이신을 더 선호한다.

그래도 런런왕은 아직 약 2억 명의 사용자를 확보하고 있고 사용자 월 로그인 수도 5,000만이 넘는 대형 소셜 네트워크 서비스다. 그런 만큼 중국에서 마케팅을 하려는 기업이라면 기본적으로 중시해야 할 SNS 마케팅 채널 중 하나임에는 틀림없다.

서울시를 비롯해 한국의 지방 정부 및 주요 기업들은 런런왕을 통해 중국 마케팅을 진행해 왔다. 런런왕의 태생이 대학생 중심이고 이후 중학생, 고등학생 그리고 직장인으로 확대되어 온 것이기 때문에 런런왕을 사용하는 주요 이용자도 20대 전후의 젊은 층이다. 때문에 20대 전후의 젊은층을 타겟으로 하는 기업들이 런런왕을 통해서 브랜드나 상품 마케팅을 진행하였다. 런런왕은 비교적 타겟 마케팅이 가능하고 팔로워 역시 지역이나 학교 등 특수 관계를 중심으로 확장된 소셜 네트워크로 신뢰있는 바이럴 마케팅이 가능하기 때문에 기업들의 런런왕을 통한 마케팅 시도가 계속되고 있다.

일본의 의류 브랜드 유니클로는 2010년 런런왕 럭키 이벤트를 시행하였다. 유니클로는 런런왕에 등록한 계정을 이용해 유니클로 웹 사이트에서 자신이 좋아하는 캐릭터를 선택하고 온라인상에 줄을 서면 추첨을 통해 아이폰, 할인 쿠폰, 여행권, 아이패드 등을 경품으로 주고 할인 쿠폰의 경우 실제 유티클로 오프라인 매장에서 사용할 수 있도록 하였다. 유니클로의 럭키 이벤트에는 약 100만 명이 참여하여 중화권에서 유니클로의 브랜드 인지도는 물론 실제 상품 판매를 높이는 계기를 마련하였다.

2. 런런왕 계정 개설

런런왕은 웨이보나 웨이신처럼 복잡한 절차 없이 가입이 가능하기 때문에 누구나 쉽게 런런왕 계정을 개설할 수 있다. 우선 인터넷 주소 창에 'www.renren.com'을 입력하고 클릭하면 런런왕 계정 개설 화면이 뜬다. 계정 개설 화면에서 '등록注册'을 클릭한다.

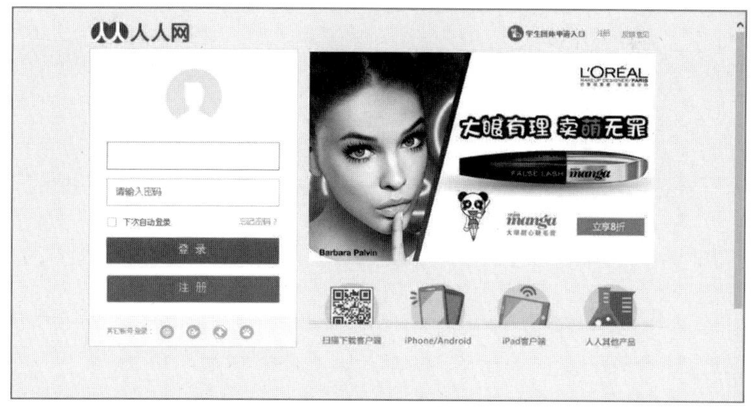

런런왕 계정 개설

계정 개설은 휴대폰과 이메일 두 가지 방법으로 진행할 수 있다. 계정 개설을 위한 정보 입력 창이 뜨면 두 가지 방법 중 한 가지를 선택하여 계정 개설을 진행하면 된다. 휴대폰을 이용하는 경우 휴대폰 번호, 비밀번호 그리고 성명을 기입하고 성별을 선택한다. 여기서 주의해야 할 것은 성명 칸에 한자만 등록할 수 있도록 되어 있다는 것이다. 한자 이름이 없는 경우 적합한 한자 이름을 만들어서 기입하면 된다. 정보를 입력한 후 '즉시 등록 친구 찾기立即注册找朋友' 버튼을 클릭한다.

런런왕 휴대폰 계정 비밀번호 설정

'이 번호로 검증 번호 발송向此手机发送验证码'을 클릭하면 휴대폰으로 검증 번호가 발송되는데 이것을 검증 번호 칸에 입력하고 '검증 번호 제출提交验证码' 버튼을 클릭한다.

런런왕 휴대폰 확인

이메일을 통해 계정을 개설하는 경우에는 현재 메일 수신이 가능한 이메일 주소를 기입하고 비밀번호, 성명, 검증 번호를 입력하고 성별을 선택한다. 정보를 입력한 후 '즉시 등록 친구 찾기立即注册找朋友' 버튼을 클릭한다.

런런왕 이메일 계정 비밀번호 설정

등록 성공 화면이 나오면 '계속 방문继续访问'을 클릭한다.

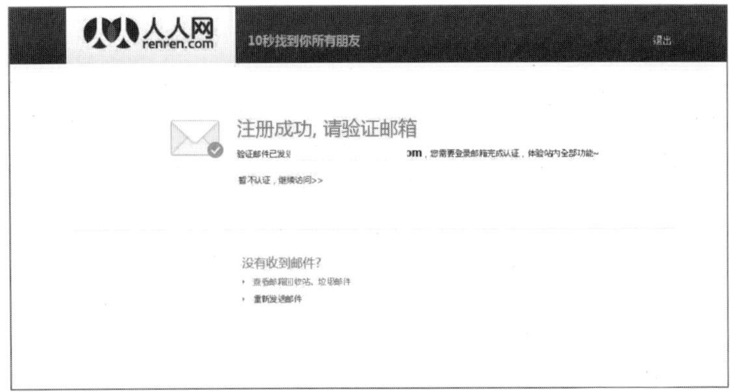

런런왕 계정 등록 성공

개인 정보를 입력하는 창이 뜨면 현재 직업을 선택하고 기업이나 조직 명칭을 입력한다. 최종 학력을 선택하고 대학 칸을 클릭하면 국내외 대학명이 뜬다. 이 중에서 본인이 졸업한 대학을 클릭한다. 그리고 졸업 년도를 클릭하면 계정이 개설되면서 입력한 대학과 관련된 친구들이 보인다. 입력 후에 '나의 개인정보 보관保存我的个人信息' 버튼을 클릭한다.

런런왕 개인 정보 입력 화면

다음으로 '당신이 알만한 사람你可能认识的人'이라는 창이 뜨면 사
진을 클릭해서 친구를 신청할 수 있다. 없다면 '완성完成' 버튼이나
'건너뛰기跳过' 버튼을 클릭한다.

런런왕 친구 신청

메인 페이지에 걸릴 사진을 입력하는 창이 나오는데 JPG, GIF,
BMP, PNG 등 최대 15메가가 넘지 않는 사진을 올릴 수 있다. 실
제 얼굴 사진이 아닌 캐리커쳐 등 인물을 알아보기 어려운 사진을
올리면 댓글 달기 등 여러가지 제한이 있으므로 가능한 한 자신의
사진을 올리는 것이 좋다.

런런왕 메인 페이지 대문 사진 올리기

입력이 끝나고 '확정_{确定}' 버튼을 클릭하면 런런왕의 첫 페이지가 열린다.

3. 런런왕 기능 설정

런런왕 계정 등록 후 초기 화면

계정 개설이 완료되면 다음으로 좀 더 사용자에게 적합하도록 런런왕이용자 기본설정을 진행할 수 있다. 물론 처음 그대로 이용해도 되지만 자신에게 적합하게 설정을 바꾸어 사용하면 보다 편리하고 효율적으로 런런왕을 사용할 수 있고 팔로워에게는 좀 더 매력적인 페이지로 보일 수 있다.

(1) 개인 자료 업데이트

런런왕 세부 개인 정보 입력

개인 자료 업데이트에서는 별칭, 고향, 소재지, 생일 등 기본 정보와 학교 정보, 기업 정보, 개인 취미, 연락 방식 등의 정보를 수정 및 보완할 수 있다. 개인 자료는 친구 추천 정보로도 활용되기 때문에 친구를 많이 확보하고 싶다면 개인 자료 업데이트를 충실히 하는 것이 좋다.

(2) 화면 꾸미기

런런왕 스킨 꾸미기

    런런왕은 스킨 서비스를 비롯하여 런런왕 첫 진입 화면인 진입
애니메이션, 이용자 프로필 꾸미기, 마우스 표시 바꾸기, 화면 애
니메이션 등의 디자인 서비스를 제공한다. 멋지게 꾸민 화면은 런
런왕 사용자들의 눈길을 한 번 더 사로잡을 수 있는 만큼 자신만
의 개성을 가진 사이트를 꾸미는 것이 중요하다.

(3) VIP 회원 가입하기

런런왕 VIP 회원 중심

　　런런왕 회원은 비회원非会员, 보통 회원普通会员과 연회원年过会员으로 구분된다. 비회원은 VIP 회원에 가입하지 않은 이용자, 보통 회원은 1년 미만의 VIP 회원, 연회원은 1년 이상의 VIP 회원에 등록한 이용자를 의미한다. 회원 가입 여부는 사용자가 결정할 수 있다. VIP 회원에 가입하면 좀 더 다양한 혜택들을 누릴 수 있다.

(4) 계정 보안 설정하기

런런왕 안전 중심

    런런왕은 계정 보호를 위해 다양한 방법을 지정할 수 있다. 런런왕 '안전 중심安全中心' 페이지에 들어가면 런런왕 비밀번호를 바꾸었을 때 통지 여부 및 통지를 받는 방법을 설정할 수 있다. 또한 개인 편지를 주고받는 대상 설정, 런런왕 아이디 도용 등 이상 징후가 발견되었을 때 통지, 계정과 연동시킬 협력 계정 등록 등도 진행할 수 있다.

4. 런런왕 활용

(1) 메시지 포스팅

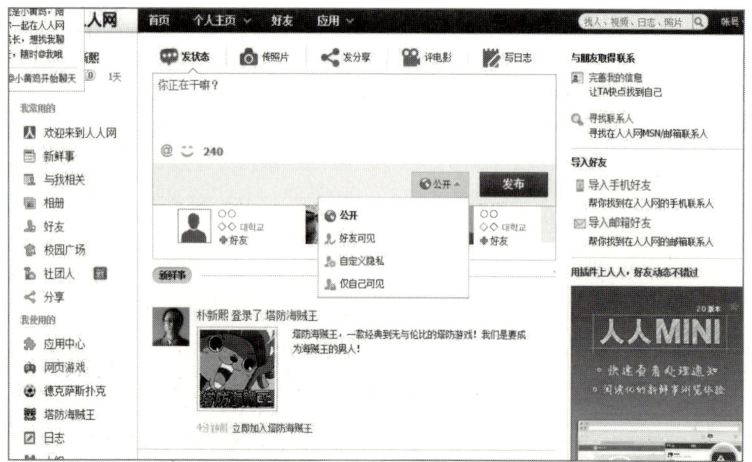

런런왕 메시지 포스팅

　　런런왕에서는 손쉽게 메시지, 사진, 동영상 등을 전송할 수 있다. 문자는 240자 이내, 사진은 한 번에 100장까지 보낼 수 있다. 동영상은 최소 50KB에서 최고 1GB 용량의 영상을 게재할 수 있으며 최대 5시간 이내의 영상까지 가능하다. 메시지를 게재할 때는 친구 중 일부나 전부를 선택하거나 자신만 볼 수 있도록 설정할 수 있다.

(2) 게임 즐기기

런런왕 게임 사이트

　런런왕은 서비스 초기부터 게임 플랫폼을 공들여 준비한 만큼 다양한 게임들을 보유하고 있다. 게임을 즐길 수 있는 환경도 쾌적하다. 때문에 런런왕에는 동시에 천만 명 이상이 즐기는 게임도 많다.

(3) 채팅하기

런런왕 채팅창

런런왕은 한국에서 서비스되는 네이트온과 같이 채팅 서비스를 제공한다. 1:1 채팅은 물론 친구 전체 또는 여러 명과 동시에 채팅을 하는 것도 가능하다.

(4) 커뮤니티(小姐) 활동하기

런런왕 커뮤니티

런런왕에는 생활, 영상, 음악, 취미, 지역, 사업, 잡담, 스타, 학술 등 다양한 카테고리를 중심으로 10만 개가 넘는 커뮤니티들이 형성되고 있다. 런런왕 이용자는 관심 있는 커뮤니티에 가입하여 정보를 공유하거나 커뮤니티가 진행하는 각종 행사에도 함께 참여할 수 있다.

(5) 미니 블로그(小站)

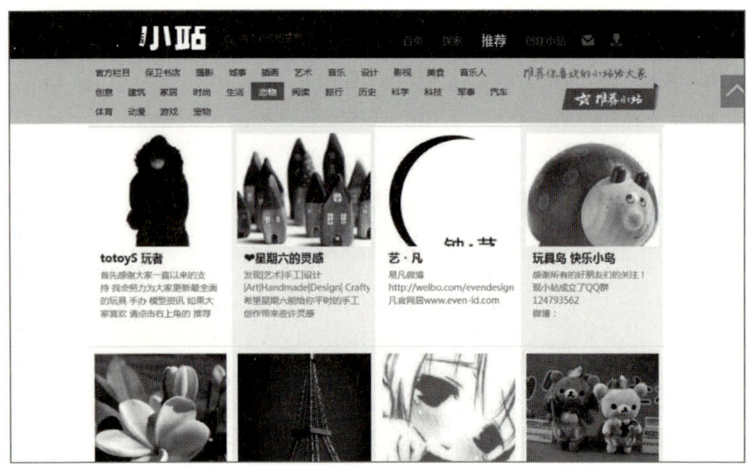

런런왕 미니 블로그 초기 화면

　런런왕 이용자는 예술, 음악, 사진, 영상, 디자인, 삽화, 음악, 건축, 패션, 생활, 여행, 과학, 기술, 역사, 군사, 자동차, 스포츠, 게임, 애완동물, 애니메이션 등 다양한 주제와 관련한 미니 블로그를 만들어 운영할 수 있다. 그리고 관심 있는 주제의 미니 블로그를 팔로우 할 수도 있다.

(6) 공공 홈페이지(公共主页) 운영하기

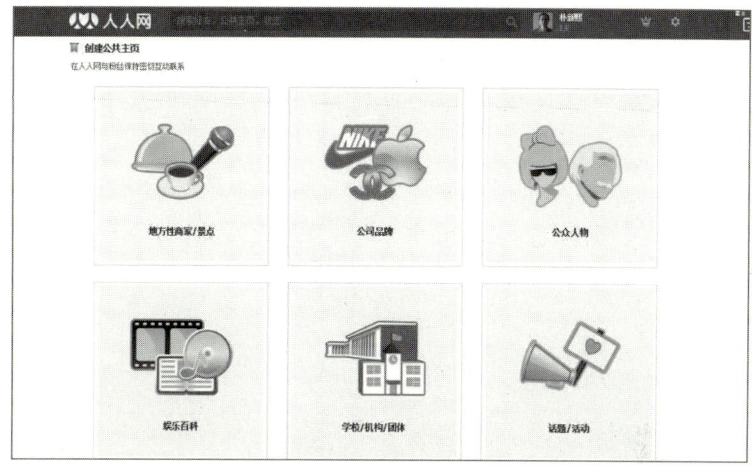

런런왕 공공 홈페이지

　　런런왕 사용자는 누구나 공공 홈페이지를 만들 수 있다. 상가, 지역, 기업 브랜드, 인물, 오락, 학교, 기관, 단체, 주제, 활동 등의 카테고리를 활용하여 공공 홈페이지를 생성할 수 있다. 공공 홈페이지는 2011년 8월에 처음 제공된 서비스로 스타, 매체, 기업 등이 브랜드나 상품을 대중과 커뮤니케이션할 수 있도록 특화된 플랫폼이다. 공공 홈페이지는 사이트 제작 기능, 고객과의 커뮤니케이션 관리 기능, 마케팅 데이터 분석 기능 등을 포함시킴으로써 기업이나 단체 등이 서비스 제공이나 마케팅 활동을 위한 상업적 플랫폼으로 이용할 수 있도록 하였다.

(7) 사단인(社团人) 활동하기

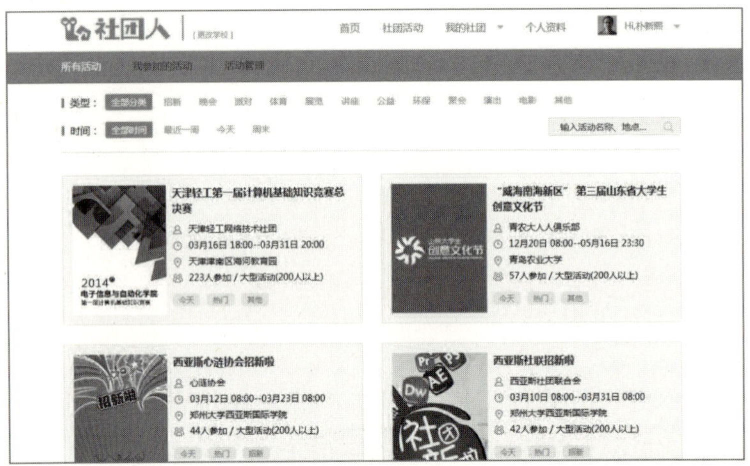

런런왕 사단인

사단인은 사회적 활동 단체를 의미한다. 런런왕 사용자들은 전시, 강좌, 공익, 환경 보호, 집회, 연출, 영화, 체육, 파티와 관련한 다양한 사회 활동을 사단인 페이지에 공개하고 활동 참가자 모집은 물론 기업이나 단체의 협찬 유치도 진행할 수 있다. 기업도 브랜드나 상품을 알리기 위한 공공성 이벤트 활동을 진행할 수 있다.

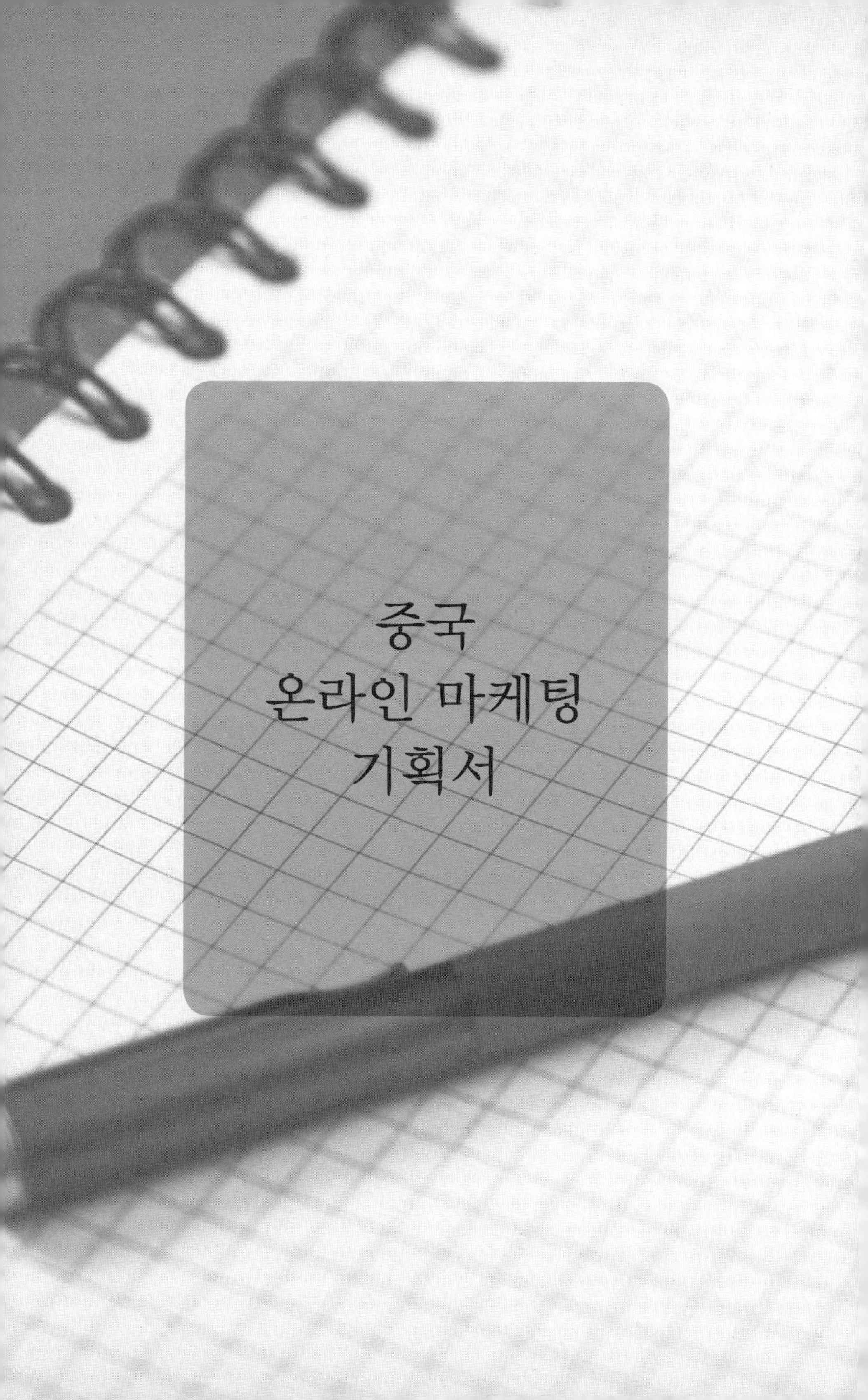
중국
온라인 마케팅
기획서

중국 온라인 마케팅 기획서

본 기획서는 광고 회사가 제안한 온라인 마케팅 방안을 필자가 독자의 온라인 마케팅 기획에 대한 이해를 돕기 위해 재구성한 것이다.

EOS투어
對中커뮤니케이션 방안

우리 타겟의 특징 1

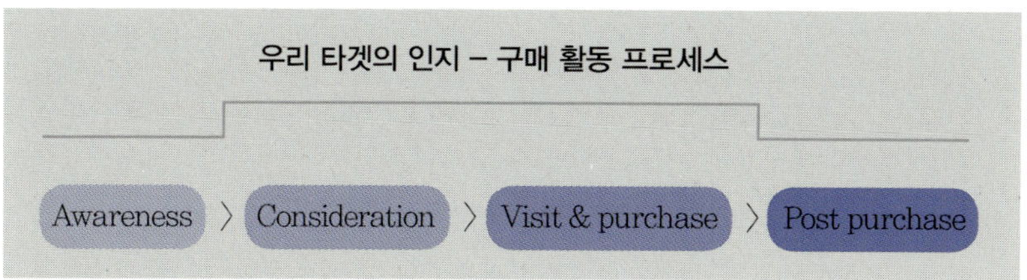

· 여행 결정 전까지는 관여도 미흡

· 인지에서 Consideration set 진입까지 결정 시간이 비교적 짧음

· 선호도 의미와 더불어 브랜드 혜택 이해가 가장 중요

우리 타겟의 특징 2

· 소셜 네트워크 영향력, 온라인을 통한 정보탐색 강화

· Solo traveler, 체면을 생각하는 과시형 여행 증가

· 전통적 여행사에 대한 실망감 증가

· 쇼핑 중요시하는 여행자 증가

· 온라인 예약 증가

· Detail Target 1 : 주류 소비층으로 부상하는 도시 거주 2039 여성

9,600만명 × 33.3% × 49.3% = 1,600만명
신주류소비　20~39세 비율　여성 비율

→

Me Generation
자기愛
과시욕

· Detail Target 2 : 잠재적인 소비 능력을 보유한 대학생

3,000만명 × 11,186 元 = 3,600억元
대학생　　　　인당소비

→

개성 추구
브랜드 선호
광고 신뢰

우리 타겟의 특징은 한 마디로 요약하자면

"손에 잡히는 혜택과 유행에 극도로 민감한 사람들"

소비자에게 Travel은?

더 유리한 조건의 싼 가격을 찾아 헤매는 힘든 과정이 아니라 나에게 <u>알맞은 혜택을 나에게 가장 유리한 조건</u>으로 알아서 제공해주는 <u>Smart Travel</u> 경험

Travel 브랜드 관점에서도 현재의 할인율 물량 공세로 인한 출혈 경쟁은 Lose-Lose 게임이다. 고객 별로 차별화된 Travel 서비스를 제공한다면?

▶ VIP 고객 만족도 제고를 통한 Profit 증대
▶ 나에게 맞는 benefit을 주는 차별적 여행사로서 더 많은 소비자 유입 가능
▶ 앞서가는 여행사로 장기적인 브랜드 포지션 가능

온라인 마케팅 추진 방향

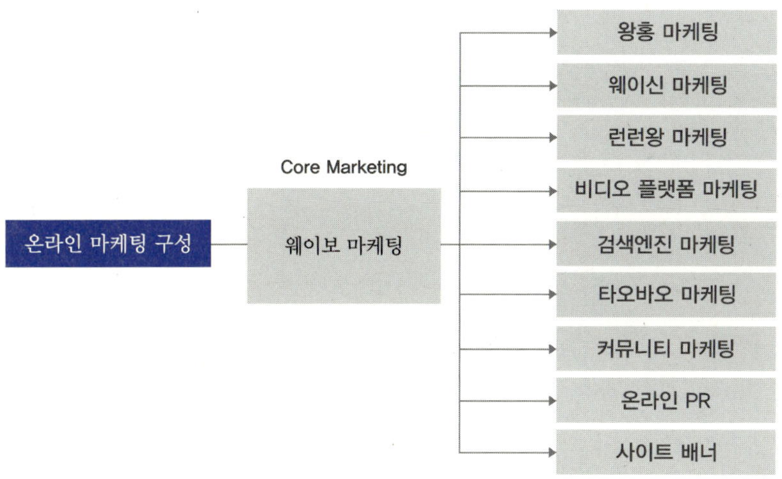

온라인 마케팅 Process

Customer 〉 Strategy 〉 On−Line Media 〉 Contents 〉 Viral Marketing

마케팅 의뢰　　전략 수립　　매체 계정 개설　　Contents 개발　　인지, 신뢰
　　　　　　　　 및 실행　　　 및 운영　　　　　 및 노출　　 향상 행동 유발

왕홍 마케팅

YY : http://www.yy.com
커뮤니케이션 기간 : 6개월
커뮤니케이션 내용 : 여행 전문 왕홍 섭외/방송
커뮤니케이션 방식 : 1인 방송(4회/월)
커뮤니케이션 확장 : 기타 SNS와 연계, 홈페이지
링크, 이벤트 공지, 팔로워 DB 확보

검색엔진 마케팅

바이두(百度) : http://www.baidu.com
커뮤니케이션 기간 : 6개월
키워드 광고 노출 : 바이두 키워드 광고(CPC 방식)
SEO 사이트 검색 노출 : 검색 결과 사이트 상위 노
출, 바이커 등록, 지식 등록
바이럴 마케팅 : 소비자의 자발적 메시지 전파를 한
긍정적 입소문 확산
커뮤니케이션 확장 : SNS 사이트 계정 연계 확장
홈페이지 링크, 이벤트 노출, 잠재 고객 DB 확보

웨이보 계정 개설 및 활동

시나웨이보(新浪微博) : http://weibo.com
커뮤니케이션 기간 : 6개월
커뮤니케이션 내용 : 여행 전문 웨이보 구축 관리
커뮤니케이션 방식 : 1일 2회 포스팅, 댓글 달기,
팔로워 관리
커뮤니케이션 확장 : 기타 SNS와 연계 홈페이지
링크, 이벤트 공지, 팔로워 DB 확보

웨이신 공공 계정 개설 및 활동

웨이신 공공 계정(微信公众平台)
: http://mp.weixin.qq.com
커뮤니케이션 기간 : 6개월
커뮤니케이션 내용 : 여행 전문 기업 공공 계정 구축/운영, 모바일 홈페이지 구축
커뮤니케이션 방식 : 포스팅, 댓글 및 팔로워 관리
커뮤니케이션 확장 : 기타 SNS와 연계, 홈페이지 링크, 이벤트 공지, 팔로워 DB 확보

런런왕 계정 개설 및 활동

런런왕(人人网) : http://www.renren.com
커뮤니케이션 기간 : 6개월
커뮤니케이션 내용 : 여행 전문 블로그 구축/운영
커뮤니케이션 방식 : 1일 1회 포스팅, 댓글 및 팔로워 관리
커뮤니케이션 확장 : 기타 SNS와 연계, 홈페이지 링크, 이벤트 공지, 팔로워 DB 확보

비디오 플랫폼에 동영상 업로드

유쿠(优酷) http://www.youku.com
커뮤니케이션 기간 : 6개월
커뮤니케이션 내용 : 여행스토리 동영상 제작/배포
커뮤니케이션 방식 : 1일 1회 포스팅, 댓글 및 팔로워 관리
커뮤니케이션 확장 : SNS와 연계, 홈페이지 링크, 이벤트 공지, 팔로워 DB 확보

여행 커뮤니티에 정보 업그레이드

커뮤니케이션 기간 : 6개월

커뮤니케이션 내용 : 여행 체험 수기, 이벤트

커뮤니케이션 방식 : 댓글 게재, 정보관리

커뮤니케이션 확장 : 기타 SNS와 연계, 홈페이지 링크, 이벤트 공지, 팔로워 DB 확보

중국어 사이트 운영 및 관리

홈페이지 http://www.eostour.com/

커뮤니케이션 기간 : 6개월

커뮤니케이션 내용 : 여행 콘텐츠 메뉴 추가 구축

커뮤니케이션 방식 : 콘텐츠 개발, 문의 관리, 방문자 관리

커뮤니케이션 확장 : SNS와 연계, 홈페이지 링크, 이벤트 공지, 팔로워 DB 확보

타오바오 마케팅

타오바오(淘宝) : http://www.taobao.com

커뮤니케이션 기간 : 6개월

커뮤니케이션 내용 : 투어 추천 상품

커뮤니케이션 방식 : 콘텐츠 개발, 문의 관리, 방문자 관리

커뮤니케이션 확장 : SNS와 연계, 홈페이지 링크, 이벤트 공지, 팔로워 DB 확보

온라인 PR

중국 온라인 매체
커뮤니케이션 기간 : 6개월
커뮤니케이션 내용 : 이벤트
커뮤니케이션 방식 : 언론사 선정, 자료 관리, 문의 관리
커뮤니케이션 확장 : SNS와 연계, 홈페이지 링크, 이벤트 공지, 팔로워 DB 확보

사이트 배너 마케팅

커뮤니케이션 기간 : 1개월
커뮤니케이션 내용 : 브랜드, 이벤트, 상품
커뮤니케이션 방식 : 이벤트시, CPC 형식
커뮤니케이션 확장 : SNS와 연계, 홈페이지 링크, 이벤트 공지, 팔로워 DB 확보

O2O Campaigns

유입	참여	재미	확산
88 Story	88 去哪儿	88 Attack	88 Memory
SNS를 통해 88가지 여행 희망 스토리 선정	88팀 또는 88인 선정	EOS투어가 선정한 88가지 장소 투어	88가지 대표 추억을 SNS를 통해 확산

→ EOS SNS 팔로워 수 확대

· 88 Story

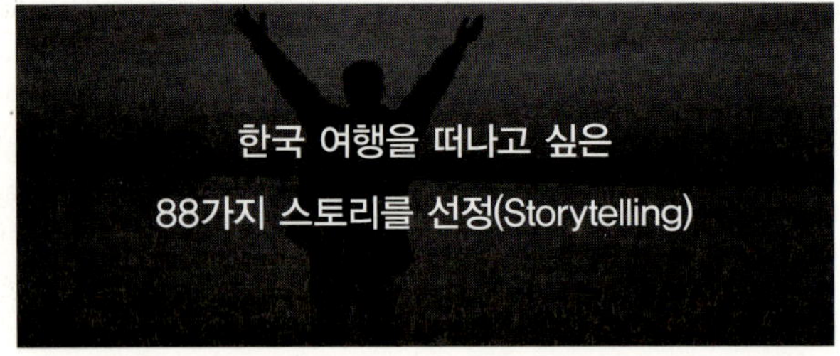

누군가는 돈이 없어서 가보지 못한 신혼 여행을, 누군가는 가족들과 떠나는 첫 번째 해외 여행을, 누군가는 생의 마지막 여행을 그리고 누군가는 희망을 꿈 꿀 수 있는 여행을 떠난다.

· 88 去哪儿

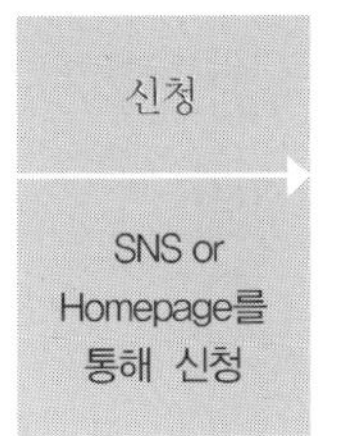

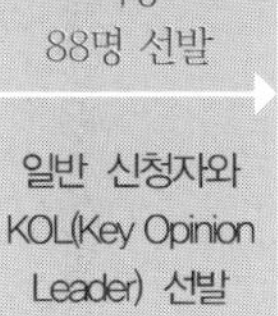

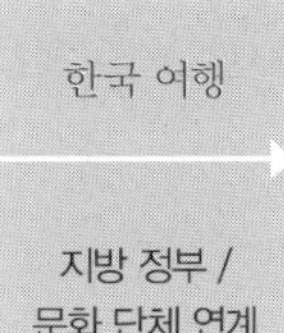

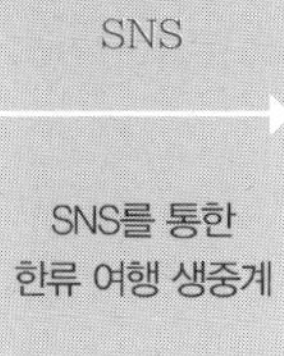

· 88 Attack

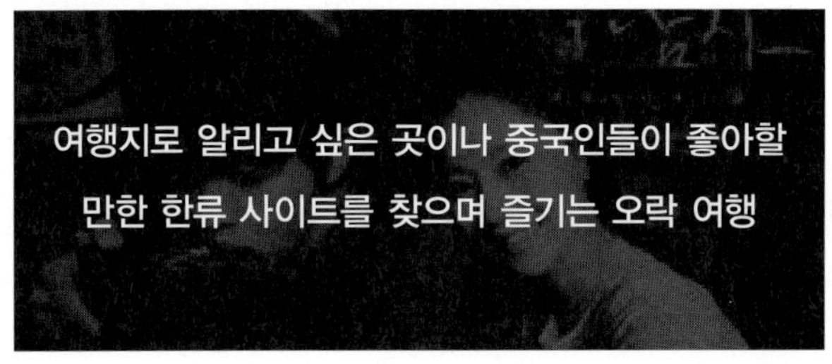

EOS투어에서 미리 선정한 88개 장소를 88개의 팀이 여행한다.

· 88 Memory

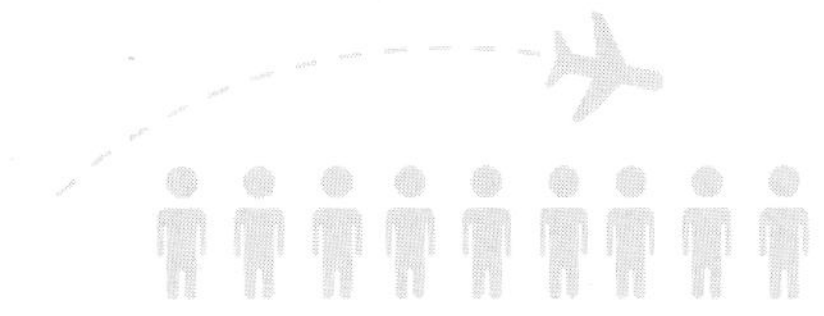

한류스타와 함께하는 Luxury Travel

행사에 참여한 고객 중 일부를 선정하여 한류스타와 함께하는 한국 여행 체험 이벤트를 진행한다. 또한 실시간 생중계를 통해 Target들의 동경 심리를 자극할 수 있다.

한류스타와 KOL의 SNS를 PR매체로 활용

한류스타 한국 여행 체험 시 전 과정을 SNS 내에 게재하여 중국 내 EOS 투어 정보를 확산한다.

EOS투어 중국인 대상 IMC Summary

온라인(SNS)	검색엔진 마케팅 웨이보 관방계정 개설 및 활동 웨이신 공공계정 개설 및 활동 런런왕 기업계정 개설 및 활동 비디오 플랫폼 동영상 업로드 및 관리 중국어 홈페이지 콘텐츠 운영 및 관리 타오바오 계정개설 및 콘텐츠 홍보 여행 커뮤니티에 정보 게재 온라인 PR 사이트 배너	존재감 강화
오프라인 Campaigns	88 Story 88 去哪儿 88 Attack 88 Memory	Engaging 강화
+	스타와 함께 떠나는 여행	효과 증진

참고문헌

1) 국내자료

조진태, 『웨이신을 알면 중국대륙도 넓지 않다』, 북랩㈜, 2015.

박신희, 『중국문화산업』, 차이나 하우스, 2016.

이동호, 『내 손안에 잡히는 중국마케팅』, 생각나눔(도), 2016.

유철재 변승혁 김기홍, 『중국 비즈니스 & 마케팅』, 대왕상(도), 2016.

신미저, 『차이나 마케팅, 한류를 타고 소셜로 날고』, E비즈북스, 2016.

민경, 『대놓고 알려주는 중국 타오바오에서 30억 벌기』, BM성안당, 2016.

안종경, 「14억 소비시장, 중국에서 창업하라」, 황금시간, 2016

악령결, 「문화적 요소와 중국의 마케팅」, 부산대학교, 2012.

왕모군, 「중국 성공적인 인터넷 마케팅 전략에 관한 연구」, 강남대학교, 2014

장결청, 「중국 SNS광고의 메커니즘과 미래전망에 관한 연구」, 우석대학교,
　　　2014

임지연, 「13억 중국 시장과 '通'하는 'SNS' 세계」, 웹스미스컴퍼니, 2015.

리빙쉬, 「디지털콘텐츠 유형별 마케팅 전략에 관한 연구」, 호남대학교,
　　　2015.

김정덕 김정주, 「중국 온라인 마케팅의 핫이슈, 왕홍 이렇게 활용하라!」, 국제
　　　무역연구원, 2015.

장상식 김아린, 「중국의 15개 소비 트렌드를 주목하라」, 국제무역연구원,
　　　2015.

맹경룡, 「시나웨이보와 위챗을 이용한 중국 시장 마케팅에 관한 연구」, 숭실
　　　대학교, 2016.

임시동, 「한국기업의 소셜미디어 마케팅이 중국 소비자의 온라인 직접구매에 미치는 영향」, 전남대학교, 2016.

자오규, 「뜨겁게 달아오르는 왕홍 경제」, LG경제연구원 China Insight 65호, 2016.

김기헌 등, 「2016 중국 왕홍산업」, 한국콘텐츠진흥원 중국콘텐츠산업동향 2016년 21호, 2016.

김기헌 등, 「2016 중국 인터넷 콘텐츠 산업 종합(16년 18호)」, 한국콘텐츠진흥원, 2016.

김기헌 등, 「중국의 왕홍경제&팬덤경제 열풍 분석(16년 13호)」, 한국콘텐츠진흥원, 2016

김기헌 등, 「중국의 1인 방송 산업 (16년 4호)」, 한국콘텐츠진흥원, 2016.

허지성 남효정, 「대중에서 소중으로 진화하는 중국 소비자」, LG Business Insight, 2016.

CNNIC(중국인터넷정보센터), 「중국인터넷발전상황통계보고」

정운, 「한국 화장품 브랜드의 중국 시장 마케팅 전략에 관한 연구」, 우송대학교, 2014.

주림, 「SNS의 온라인 마케팅 영향지수 연구 : 중국 웨이보를 중심으로」, 성균관대학교, 2014.

노암, 「SNS에서 인터넷 쇼핑몰 마케팅 활동과 이용자 추천이 소비자 태도 및 구매의도에 미치는 영향」, 한양대학교, 2015.

2) 국외자료

王易, 『微信营销与运营』, 机械工业出版社, 2014.

易北辰, 『移动互联网时代』, 企业管理出版社, 2014.

王风范, 『微沟通』, 中国经济出版社, 2015.

王浩, 『企业网络营销实战宝典及决胜攻略』, 北京时代华文书局, 2015.

尹高洁, 『网络营销从入门到精通』, 清华大学出版社, 2015.

张显龙, 『中国网络空间战略』, 电子工业出版社, 2015

徐东遥, 『我是微商』, 机械工业出版社, 2015.

中国支付清算协会, 『网络和移动支付创新与实践』, 中国金融出版社, 2016.

江礼坤, 『网络营销推广实战宝典』, 电子工业出版社, 2016.

江礼坤, 『实战移动互联网营销』, 机械工业出版社, 2016.

刘福友, 『微商涨粉85招』, 文化发展出版社, 2016.

杨赵进, 『微商实战秘术』, 机械工业出版社, 2016

胡保坤, 『从零开始做运营』, 人民邮电出版社, 2016.

叶琼伟 孙细明 罗裕梅, 『互联网+电子商务创新与案例研究』, 化学工业出版社, 2017.

李柳嘉, 「微信"信息流广告"应用研究」, 辽宁大学, 2015.

宋瑜, 「SNS的使用行为对跨越型社会资本的影响」, 东北师范大学, 2016.

马宁, 「微博营销效果评价研究」, 武汉工程大学, 2016.

CNNIC, 「2015年中国 青少年上网行为 研究 报告」

3) 사이트

https://store.gf.com.cn

http://www.iresearch.com.cn

http://www.chyxx.com

https://www.analysys.cn

http://www.irinbank.com

https://www.csc108.com

http://www.iimedia.cn

http://www.gtja.com/i/

http://www.cbndata.com

http://www.emarketer.com

http://www.baidu.com

http://www.sina.com.cn

http://csf.kiep.go.kr

http://www.yonhapnews.co.kr

http://www.ajunews.com

http://www.shanghaibang.com

http://www.onbao.com/portal/

http://kr.people.com.cn

http://www.cnki.net/

https://www.kotra.or.kr

http://marketingtochina.com

http://kofice.or.kr/index.asp

http://www.kocca.kr/cop/main.do

http://www.cnad.com/

http://www.cmmo.cn/

http://www.yingxiao360.com/

http://www.292775.com/

http://www.vmarketing.cn/index.php?mod=cgyx

http://www.hizcn.com/

http://www.cnyxch.com/index.html

차이나 온라인 마케팅

ⓒ 2017 박신희 · 임재현

2017년 09월 05일 초판 1쇄 인쇄
2017년 09월 10일 초판 1쇄 발행

지은이 ㅣ 박신희 · 임재현
펴낸이 ㅣ 안우리
편 집 ㅣ 신효정
디자인 ㅣ 이주현 · 강명희

펴낸곳 ㅣ 차이나하우스
등 록 ㅣ 제303-2006-00026호
주 소 ㅣ 서울시 영등포구 영등포동 8가 56-2
전 화 ㅣ 02-2636-6271
팩 스 ㅣ 0505-300-6271
이메일 ㅣ chinanstory@naver.com
ISBN ㅣ 979-11-85882-37-6 03320

값: 15,800원